关于**非洲**的八堂课

法兰西公学院课程讲稿

Alain Mabanckou

［法国］阿兰·马邦库 —— 著

邬亚男 —— 译

译林出版社

图书在版编目（CIP）数据

关于非洲的八堂课：法兰西公学院课程讲稿 ／（法）
阿兰·马邦库著；邬亚男译. —南京：译林出版社，
2024.5
ISBN 978-7-5753-0080-3

Ⅰ.①关… Ⅱ.①阿…②邬… Ⅲ.①文化史－非洲
Ⅳ.①K400.3

中国国家版本馆 CIP 数据核字（2024）第 045888 号

Originally published in France as:
Huit leçons sur l'Afrique by Alain Mabanckou
© Editions Grasset & Fasquelle, 2020.
Current Chinese translation rights arranged through Divas International, Paris
巴黎迪法国际.
Simplified Chinese edition copyright © 2024 by Yilin Press, Ltd
All rights reserved.

著作权合同登记号　图字：10-2022-180 号

关于非洲的八堂课：法兰西公学院课程讲稿　[法国] 阿兰·马邦库／著　邬亚男／译

责任编辑　　张海波
特约编辑　　陈秋实
装帧设计　　胡　苨
校　　对　　王　敏
责任印制　　董　虎

原文出版　　Éditions Grasset & Fasquelle, 2020
出版发行　　译林出版社
地　　址　　南京市湖南路 1 号 A 楼
邮　　箱　　yilin@yilin.com
网　　址　　www.yilin.com
市场热线　　025-86633278
排　　版　　南京展望文化发展有限公司
印　　刷　　江苏凤凰通达印刷有限公司
开　　本　　889 毫米 ×1194 毫米　1/32
印　　张　　7.875
插　　页　　2
版　　次　　2024 年 5 月第 1 版
印　　次　　2024 年 5 月第 1 次印刷
书　　号　　ISBN 978-7-5753-0080-3
定　　价　　58.00 元

中文版导读
非洲法语文学的新视域

1921年，法国人将龚古尔文学奖颁发给加勒比地区的黑人作家勒内·马朗（René Maran, 1887—1960）的小说《霸都亚纳：真正的黑人小说》（*Batouala: Véritable Roman Nègre*, 1921），从此非洲法语文学正式进入了西方读者的视野。马朗生于巴西北部的法属圭亚那，并不算土生土长的非洲人。年少时，马朗在法国西南部的城市波尔多接受法国教育，寒暑假常常去其父亲工作的非洲旅行。长大后，他在法属赤道非洲谋得了一个殖民地行政长官的职位。他以自己在非洲的经历写成的代表作《霸都亚纳》获奖后，在法国文坛引起了不小的波澜。小说的主人公是一位拥有神奇力量、情感经历丰富、战功显赫、狩猎能力出色的族长霸都亚纳。在对人物的生活、命运和生存环境的叙述中，作者展现了法国殖民统治下黑人的不幸遭遇，揭露了法国殖民者在这片土地上的种种罪行，尤其是西方文明对黑人意识形态所产生的影响。可以说，这是一部"写真主义"小说，非洲黑人更多地表现为一种富有情感的、感性的而非理性思考的生命。由于在讲述非洲族长霸都亚纳的故事中，作者批判了法国殖民者在非洲的暴行，字里行间流露出了具有独立意识的非洲精神，这部小说很快遭到了法国当局的封杀。

不难看出，在反殖民主义斗争中成长起来的民族觉醒意识是非洲法语文学创作的重要源泉。在塞内加尔国父、诗人列奥波德·桑戈尔（Léopold Senghor, 1906—2001）的眼里，马朗是"黑人性"（Négritude）运动的先驱，他的文学创作引发了人们对非洲传统文化价值的重新认识。也许，正是因为马朗介于法国人与非洲人之间的双重身份，法国才将龚古尔奖颁给了他。这既能显示法兰西帝国的包容，又能够在一定程度上抚慰殖民地人民的反抗情绪。存在主义作家萨特曾一针见血地指出，在殖民统治者看来，这类具有抗争性的文学创作不过是殖民教化过程中一些无足轻重的牢骚而已，尽可让他们大喊大叫直至声嘶力竭，这样也许会使他们感到好受一点。再说，偶尔颁一次奖并不会动摇法兰西帝国在非洲的地位。

法国作家皮埃尔·洛蒂（Pierre Loti, 1850—1923）早先曾写过一部有关非洲风情的小说，但是，真正把黑人作为小说主要人物来塑造的并不是他，马朗才是当之无愧的鼻祖。在《霸都亚纳》这部小说中，所有人物都是黑人，而且非洲元素十分浓郁。作者不仅采用了一种并不属于本民族的语言，而且尝试了他以前并不擅长的小说创作。在创作的过程中，马朗并没有放弃非洲的文化传统，仍然保留了其民族特有的表达形式。为了忠于非洲的语言，他希望写出一个具有"非洲范式"的故事，最重要的是要表现出黑人性的审美元素。但是，仅仅有审美元素还不够，创新也是必不可少的，否则就称不上真正意义上的非洲小说。确实，非洲小说的原创性要以一种特别的方式来加以研究，尤其是其中口头文学的属性。

过去，在许多西方作家的笔下，有关非洲题材的作品侧重描绘的是秀丽的风光、野蛮无知的土著以及神秘且愚昧的社会习俗，文字里暗含的是欧洲文化以及白人种族的优越感。白人将自卑情结悄无声息地注入了黑人的灵魂深处。当然，这种刻板印象并不是造成非洲"失真"的唯一因素。20世纪30—40年代，桑戈尔、塞泽尔（Aimé Césaire, 1913—2008）、达马斯（Léon Damas, 1912—1978）、法农（Frantz Fanon, 1925—1961）等一批年轻学者勇敢地站了出来，通过文学创作把流散在世界各地的黑人凝聚在一起。在他们的笔下，非洲不再是眼前现实的非洲，而更像一个令人神往的世外桃源。他们坚定地扛起反殖民主义大旗，发出了那个时代反殖民主义的最强音。一直处于失语状态的弱势群体和弱势种族的文学创作开始走出国门，逐渐成了世界文学的一部分。代表性的作家有塞泽尔、桑戈尔、达马斯、法农、格里桑（Edouard Glissant, 1928—2011）、莱伊（Camara Laye, 1928—1980）、孔戴（Maryse Condé, 1937—）、夏穆瓦佐（Patrick Chamoiseau, 1953—）、玛利亚玛·芭（Mariama Bâ, 1929—1981）等。

就文化身份而言，黑人性是一个颇具争议且无法绕开的重要话题，但是，这一概念带有浓厚的本质主义思想。在《黑人性：非洲文学的伦理》一文中，聂珍钊教授曾经指出，黑人性是非洲诗人从事诗歌创作伦理价值的内核。桑戈尔将黑人的情绪与希腊人的理性进行对比，在竭力颂扬非洲悠久历史和灿烂文化的同时，深入阐释了对"黑人性"内涵的理解和认识。在《论塞泽尔的诗歌创作》一文中，李建英教授指出："在非洲达姆鼓的节奏下，记忆再现，直抒胸臆，内心暗示，诡秘意象，似乎一切都缘于生命的原始律动。"第二次世界大战结束后，桑戈尔出版了诗歌选集《黑人和马达加斯加法语新诗选》。这部作品堪称黑人性运动的宣言书。在序言中，萨特形象地将黑人诗人比喻成"黑人俄耳甫斯"，这篇序言可以看成是萨特对殖民种族主义情景中黑人性的最本质的回答。有了这篇序言，黑人性的定义（主要在诗歌中）经过不断界定，获得了广大读者的高度认可。非洲法语文学成了一种类别特殊、特色鲜明的文学。原始宗教、神话故事、巫术和祭典礼仪常常把读者带进一个神秘而奇幻的世界。在第一代黑人小说家的笔下，格言、歌曲、诗句，甚至在接受者与讲述者之间口口相传的箴言比比皆是，不胜枚举。非洲法语文学具有丰富多彩的艺术形式，鼓声和歌舞声常常为我们营造一种特殊的文化氛围，为非洲法语文学平添一种活力四射的动态形象。

几内亚作家卡马拉·莱伊就是非洲法语文坛中一个极具代表性的人物。他的代表作《黑孩子》的故事发生于1933年至1948年间，那个时候几内亚还没有独立。小说的开头描绘了主人公巴巴一家的日常生活，尤其是父亲神奇的金银加工技艺和母亲神秘的通灵术。莱伊是个讲故事的能手。在他的笔下，法国人开办的学校、当地人提高胆量的习俗"宫登·迪亚拉"以及黑人的割礼场面无不生动有趣。小说的最后，作者追忆了巴巴考进科纳克里技工学校后在叔父家度过的短暂而美好的时光，以及被保送到法国阿尔让特汽车中心后的校园生活。从库鲁萨到科纳克里，从科纳克里到法国，巴巴逐渐走向了成熟。他对城市的生活时而感到兴奋，时而感到彷徨。但是，巴巴最终还是毅然决然地回到了自己的村庄。在懵懵懂懂的孩子眼中，没有什么工作比金银加工更加高尚了，唯有打金人的作品才真正配得上"艺术"二字。但是，巴巴又无法将自己视为家族事业的接班人，他本能地感受到内心深处有着更为远大的志向。这种身份上的困惑同样表现在他在丹迪港附近割小麦时的沉思之中："我不在这儿生活……也不在父亲的作坊生活，可我在哪儿生活呢？"田野里团结协作、互帮互助的场面深深打动了他，让他体会到大都市里少有的幸福和温暖。但是，他仍然无法摆脱与出生地格格不入的疏离感。尽管巴巴并不认为自己的身份特殊，但他似乎在纷乱的身份迷宫里找到了一个出口：也许自己更喜欢在学校里学习。

值得一提的是，就法语文学而言，加勒比地区的法语文学同样举足轻重，因为那里的绝大部分居民都是非洲人的后裔。艾梅·塞泽尔就是其中之一。塞泽尔于1913年生于加勒比地区的法国殖民地马提尼克。青少年时期，他怀着远大的理想前往法国巴黎留学。20世纪30年代，他在巴黎与志同道合的同学和朋友一道发起了"黑人性"运动，从此走上文学之路。他用充满非洲意象的法语，表达了强烈的叛逆精神。塞泽尔一生创作颇丰，他的所有创作似乎都立足于他的民族情怀以及"黑人性"思想。可以毫不夸张地说，黑人之美、黑色之美都成了他讴歌的对象。他的诗歌代表作是长篇散文诗《返乡笔记》。从20世纪50年代起，塞泽尔开始创作戏剧。通过改写莎士比亚的《暴风雨》，并颠覆剧作中心人物的主仆关系，塞泽尔以大众化的戏剧艺术形式生动地表达了后殖民主义思想。这样的表达在法语文本里产生了动人心魄的精神力量。塞泽尔并不是哲学家，但是，他巧妙地将辩证法融入主人普洛斯帕罗与奴仆卡利班的关系之中。他以现实主义文风和马克思主义思想为指导，高举"黑人寻根"，"自尊、自爱、自强"的旗帜，反对种族歧视以及政治和文化上的霸权主义。值得注意的是，他并未简单模仿莎剧的故事情节。塞泽尔想告诉观众的是，在普洛斯帕罗和他的女儿米兰达到来之前，荒岛上的原住民卡利班和艾利尔才是岛屿的真正主人，他们在普洛斯帕罗来了之后才成了失去自由的奴仆。

作为塞泽尔思想的继承人，格里桑善于把"文化身份"的思考融入小说中。在第一部小说《裂缝河》中，通过讲述一群马提尼克年轻人的抗争经历，格里桑把神秘的热带小镇朗布里阿纳（Lambrianne）带进了文学王国。在他的笔下，从裂缝河到甘蔗种植园，从山地到海洋，所有的一切无不带有浓郁的安的列斯元素。独特的诗意表达引起了文学评论界的高度关注，这种叙事技巧预示着在不久的将来，格里桑将成为加勒比地区的风云人物。尽管当时的人们深受意识形态的影响，在评价《裂缝河》时，免不了给它贴上"介入文学""反殖民主义""去殖民化"的标签，但是，主流评论仍然看好其独特的构思和新颖的风格。20世纪50年代，格里桑投身革命洪流，为我们展现了马提尼克如火如荼的革命场景。但是，他没有让自己的文学创作完全屈从于时局。在《裂缝河》中，他超越了传统的殖民主义批判。表面上，他描绘的是马提尼克人的革命斗争，但字里行间流露的则是作者对世界性和文化身份的独特思考。

格里桑不但是个伟大的小说家，而且是个举世瞩目的思想家。从加勒比社会现实出发，格里桑提出了一种基于语言和文化的世界观，其核心是"群岛思想""克里奥尔化""多元世界"等一些全新的概念。在格里桑的眼里，文化与语言之间永恒的、相互渗透的运动推动着文化的全球化进程。这种全球化能将遥远的、异质的文化联系在一起，能产生超乎人们想象的效果。格里桑的哲学思想是塞泽尔"黑人性"思想的继承与发展，他以更为开放的心态审视了不同文化的杂糅性及其本质。从某种意义上来说，他的"群岛思想"是"各美其美，美人之美，美美与共，天下大同"的一种具象表达。在这种表达中，他首先关注的是安的列斯黑人的苦难命运，用"旋风""洋流""漩涡"等意象来形容安的列斯文化形成的过程及方式，用"安的列斯人特性"给当地的有色人种送上了一剂自我醒悟的良方，打消了他们不切实际的寻根梦想。在格里桑的心目中，"克里奥尔化"并不是加勒比海特有的语言和文化现象，而是整个世界发展的必然趋势。文化交流、文明互鉴使得我们每一个人的身份都具有了世界性。但是，格里桑的"多元世界"强调的不是文化的同一化，而是不同社会历史背景下的文化差异和互相包容，尤其是当今边缘文化的前途和命运。他先后提出的一些新概念、新术语之间并没有明确的界限，它们相辅相成，以各自的思想火花共同照亮了我们这个纷繁复杂的世界。

必须承认，尽管黑人的文化传统及其内在的精神属于基本的客观存在，但毋庸置疑的是，其特点和表征是在文学创作的过程中被加工和提炼出来的。为了消除偏见以及提振信心，非洲知识分子试图通过文学的形式把"传统的非洲"描绘成"现代欧洲"的对立面。在他们的心目中，如果说欧洲人是"理性的"，那么非洲人便是"感性的"；如果说欧洲是一个充满剥削和压迫的工业社会，那么非洲就是一个充满和谐幸福、天人合一的人间天堂。他们认为只有这样，黑人同胞才能在世界文化中找到自己的位置，才能在不同于白人的价值理念中找到自信和尊严。

控诉殖民历史，直面社会现实是当今非洲法语文学的特点之一。通常，文学虚构总是与历史保持一定的距离，但是，历史的重构能够唤醒人们的记忆，爱与恨的漩涡能让记忆更加刻骨铭心。非洲法语文学以虚构的方式重建历史，同时对后殖民时代的社会不公进行无情的揭露，这就是非洲法语文学特有的认知能力。塞内加尔作家穆罕默德·姆布加尔·萨尔（Mohamed Mbougar Sarr, 1990—）指出："文学无法改变世界，但文学可以挑战真实，将真实化为美。"毛里求斯的达维娜·伊托（Davina Ittoo, 1983—）就是这样一位作家，她的小说《苦难》（*Misère*, 2020）生动描绘了独立后仍处于殖民阴影下的毛里求斯的乡村生活。《苦难》的主人公是个弃儿，整天沉默寡言，他唯一能说的词语就是"苦难"。后来，有个名叫阿尔琼的小伙子心生悲悯收留了他。他们相依为命，音乐成了他俩之间奇特的交流方式。那里的人们深受传统习俗与现代狂热的困扰。小说作者伊托曾在法国生活十多年，回到毛里求斯后开始文学创作。故事的发生地就是他的故乡，但是，这部小说所表达的思想远远超出那个小城，饱含着对祖国毛里求斯的全部的爱。

2003年，法图·迪奥梅（Fatou Diome, 1968—）凭借第一部长篇自传体小说《大西洋的肚子》进入了读者的视野。这部小说后来被译成英语、德语、西班牙语。2006年至2019年间，她又陆续出版了《凯塔拉》《我们未完成的生活》等作品。相较于斩获各类国际大奖的非洲作家，迪奥梅这一名字在我国则相对陌生。但是，作为新锐作家，迪奥梅是我们了解非洲文学的过程中不可忽视的存在。1968年，迪奥梅出生于塞内加尔的尼奥焦尔，由祖母抚养长大。求学期间，她接受法语教育并对法国文学产生了浓厚的兴趣，后来，在塞内加尔首都达喀尔完成了大学学业。1990年，迪奥梅嫁给了法国人并移居法国，1994年前往法国东北部城市斯特拉斯堡大学继续深造。2021年，她出版了长篇小说《桑戈马尔守夜者》。这部小说在继承非洲文学传统的同时，重点凸显了非洲女性的生存命运。作者以2002年"乔拉号"沉船事故为故事背景，讲述了主人公库姆巴在丧夫之后，通过写作来重建个人生活的经历。

"暴风雨摧毁了她的一切，而她把暴风雨关进了日记本里。"这是《桑戈马尔守夜者》中一句令人记忆深刻的话，也是这部小说的灵魂。小说中的故事发生在塞内加尔的尼奥焦尔岛，生活在那片土地上的谢列尔人信奉的是伊斯兰教，主人公库姆巴也是其中之一。库姆巴深爱自己的丈夫布巴，但布巴以及他的好朋友都在"乔拉号"沉船事故中丧生。按照当地的习俗，丈夫死后，妻子必须完成四个月零十天的守丧期。在这期间，妻子应穿着厚厚的长袍，举行礼仪繁杂的悼念活动。除了面对丈夫已逝的事实外，库姆巴每天还要接待前来吊唁的客人。她被残酷的现实压得喘不过气来，晚上，她就躲进自己的房间写作，记录她在守丧期间的身心体验。写作让她从身心倍感压抑的生活中获得了短暂的慰藉。日记本成了她的避难所，而且让她获得了与世俗的封建礼教对抗的勇气。库姆巴把她的日记本看作海滩上的贝壳。她像个孩子一样，把自己的不幸都说给它听，想通过诉说来摆脱这些苦难。她用书写的方式将一切想法都记录在纸上，在这些文字中，有她对亡夫的思念，也有对人生和命运的思考。从这一点来看，迪奥梅的文学创作既体现了西方意识流小说的创作技巧，又继承了非洲口语文学传统。她的语言富有诗意，又不流于感伤。非洲移民的身份认同以及对殖民历史的反思一直都是迪奥梅创作的主题。不过，相较于男性作家，她的故事大多从女性角度出发，为我们了解非洲女性幽微隐蔽的生活提供了独特的视角。

相对说来，我国读者对非洲法语文学较为陌生。一方面，撒哈拉沙漠以南的非洲没有文字记载的传统，早期的文学主要是口口相传的英雄史诗。例如，古马里史诗《松迪亚塔》、索宁凯族史诗《盖西姆瑞的琴诗》以及刚果伊昂加族史诗《姆温都史诗》。直至20世纪中后期，这些作品才被整理出来正式出版，并译成多国文字在世界各地传播。作为民族文化的符号，这些作品终于让人们领略到非洲法语区各民族独特的精神气质。另一方面，在很长的一段时期里，世界文学史的话语权一直被西方人操控，似乎非洲人在文学创作上有先天的缺陷，根本不能与西方作家平起平坐、相提并论。从这个意义上来说，阻隔在欧洲大陆与非洲大陆之间的不仅仅是地中海，欧洲文明与非洲文明之间还横亘着一道肉眼看不见的、无法逾越的思想鸿沟。在这道鸿沟中，殖民主义犹如一个可怕的幽灵，给非洲人民造成了严重的创伤，至今仍无法愈合。

非洲作家早就意识到自己身上的责任，他们试图终结在文学创作上的附庸地位，而且坚信将来有一天最终能够实现这一目标。他们希望通过摆脱对法语的依赖，把本民族的历史牢牢地掌握在自己的手里。但是，这种文学是无法摆脱法语而独立存的。在非洲法语文学中，"黑人性"文化运动是一个怎么也绕不开的焦点话题。身为黑人在黑人知识分子看来并不是什么耻辱，而理应是一种发自肺腑的骄傲和自豪。桑戈尔、塞泽尔、达马斯、法农等人的伟大，不仅在于他们完美地诠释了"黑人性"这一概念，而且还在于他们将这一理念大张旗鼓地付诸社会实践。非洲法语文学引发了有关"去殖民""文化身份""文化多元""后殖民主义"等诸多话题的讨论。因此，从这个意义上来说，非洲法语文学热潮的兴起也是一件意料之中的事。在推动世界文明发展的进程中，黑人知识分子有了更多的话语权，用"黑人特质""安的列斯人特质""克里奥尔人特质"等令人耳目一新的思想消解了种族主义和殖民主义的荒谬论调，为纷繁复杂的后殖民时代提供了一盏又一盏明灯，为文化的多样性和世界的多元化指明了前进的方向。"白人中心主义""法国中心主义"遭遇了"过街老鼠人人喊打"的局面。尽管作家们的创作倾向有所不同，但是他们奋斗的大方向是一致的。法国文艺理论家德勒兹所说的"少数文学"不再是"边缘文学"。这种文学摆脱了过去无人问津的窘境，正在大踏步地朝着世界文学的方向迈进。

也许正是在这样的大背景之下，法兰西公学院邀请了本书的作者、法国作家阿兰·马邦库（Alain Mabanckou）担任讲席教授。1966年，马邦库生于刚果（布）的黑角市，拥有法国和刚果（布）双重国籍，现定居于美国加利福尼亚。其代表作有《打碎的杯子》《豪猪回忆录》《明天，我二十岁》《黑角之光》等。马邦库22岁时曾在法国求学，1998年发表小说处女作《蓝-白-红》，并一举获得当年的"黑非洲文学大奖"。他的作品多次荣获法语文学界的重要奖项，并被译为英、西、葡、意、韩等多国文字。2012年，他的作品被授予法兰西学院亨利·加尔文学奖，也曾入围2015年布克国际奖终选名单。2021年11月，他荣获英国皇家文学学会国际作家终身荣誉奖，2022年担任布克奖的评委。可以毫不夸张地说，马邦库是法语世界最知名、最成功的作家之一，也是法国最负盛名的非裔作家之一。

确实，马邦库是个讲故事的能手。在其代表作《豪猪回忆录》中，叙事者是一只非洲豪猪，但这不是一只平平无奇的野兽！白天它在丛林里和同伴们撒欢，晚上暴露出另一个身份：黑人小男孩奇邦迪的附体。表面上看，这是一只豪猪的故事，但读者很快就会发现，马邦库实际想要表现的是非洲。在这个故事里，马邦库让动物成了叙事的主体，并且让它们具有人一样的性格特征。动物附体的故事设定源于非洲民间传说，"讲故事"的形式也来自非洲口头文学的传统。因此，这部具有泛灵论气息的小说充满了浓郁的非洲本土文学色彩。在这个人与动物共存的世界里，动物成了体察世界的主体，而愚蠢自大的人类则成了动物调侃的对象。

成为附体之后，那只勇敢、快活的豪猪离开了自己的伙伴，尽管有时候它并非心甘情愿，但是它不得不听从主人的吩咐，用身上的刺去杀害他人。随着杀戮带来的快感，主人奇邦迪越来越丧心病狂，可怜的豪猪不禁为主人的安危而担忧，同时也为自己的命运感到不安，因为按照法则，如果主人遭遇不测，附体也得同时死亡。奇怪的是，当奇邦迪咎由自取，被一对双胞胎杀害时，豪猪却侥幸活了下来。整部小说都是豪猪以独白的口吻向猴面包树倾诉心声，讲述自己的命运是如何与一个人类紧密联系在一起的，它又是怎么执行各种"吃人"任务的。由于成了"邪恶附体"，豪猪不仅能听懂人话，而且有了人一样的阅读能力，因此它在讲述自己经历的同时，也抒发了一连串对人类及其文明的长篇大论，为整部小说增添了一种黑色幽默的荒诞喜剧效果。在非洲的生态系统日益遭遇人类荼毒的今天，将人与动物作如此倒置，无疑具有一种警世的味道。正如豪猪所说："人类并不是唯一能思考的动物。"在这部小说中，马邦库借助传统的非洲民间传说并进行戏仿，让读者领略了独特的讽刺艺术和文学想象。

读马邦库的《关于非洲的八堂课》，可以让我们对非洲、非洲文化、非洲历史和非洲人的认识又深刻许多。在本书中，作者大的文化诉求是显而易见的，我们对非洲也有了更多的同情和理解。确实，自哥伦布发现新大陆、达·伽马绕过好望角以来，相较于其他大陆，非洲遭遇的一系列苦难超越了人们的想象。在长达300年的时间里，有2亿黑奴被当成牲口一样贩卖到北美洲和加勒比海地区。

非洲沦为了欧洲列强的殖民地。如今，西方对非殖民战争的硝烟早已烟消云散，但是，这段惨痛的历史不能忘，因为遗忘就等同于犯罪。西方殖民强盗曾经打着"人权""自由贸易""重生""开化"等各种自欺欺人的借口，在坚船利炮的护卫下，把地广人稀、资源丰富的非洲变成了他们的殖民地。这种不对称的殖民战争给非洲人民造成了空前的灾难，西方殖民强盗在非洲所犯的滔天罪行，可谓罄竹难书。西方列强对非殖民战争留给人们的教训是惨痛的。随着民族意识的觉醒和非洲国家的独立，西方称霸世界、瓜分非洲的美梦最终化成了泡影。靠几艘军舰和几门大炮就能占领一个国家的时代结束了。但是，在倡导"文化多样性""世界多极化"的今天，从不同的层面通过非洲法语文学来认识和了解非洲，尤其是非洲各民族在文化方面的诉求具有十分重要的现实意义。一言以蔽之，铭记殖民历史，任重而道远。

21世纪以来，非洲法语文学的出版、翻译与传播一路高歌猛进。非洲文学也在世界文学中占据越来越重要的地位。这一特殊的文学现象引起了人们的高度关注，相关的硕士论文和博士论文的数量也在直线上升。在我国，"法国前殖民地法语文学研究""非洲法语文学翻译与研究"等获批的国家社科基金项目正在把对这一领域的思考和研究引向深处。撒哈拉沙漠以南非洲以及加勒比海法语文学在世界文学史上谱写了光辉的篇章，为人类命运共同体的构建提供了极其宝贵的精神财富。2023年11月，在"文明互鉴与非洲法语文学国际研讨会"上，正如广东外语外贸大学徐真华教授所说："构建中非命运共同体是一个庞大的命题，非洲文学研究也是切入点之一。语言是人类文明的钥匙，我们用语言讲故事、写历史，人类文明才能走到今天。人类文明的创造，包括文学小说的创作，它的核心存在于语言的密码中，即人类的意识、人类的精神。作为语言学、文学研究者，我们要始终靠人类的智慧、意识和精神，把非洲文学研究做好，为构建中非命运共同体贡献我们的力量。"

刘成富

浙江越秀外国语学院非洲大湖区研究中心执行主任

南京大学外国语学院教授

2024年2月24日于南大和园

目 录

前　言

一切都始于2015年安托万·孔帕尼翁（Antoine Compagnon）的一封来信。孔帕尼翁是法兰西公学院法国文学和现代文学教席教授。他告诉我公学院希望邀请我主持艺术创作年度教席，他还在信中强调，这是公学院第一次请作家担任该教席的主讲人。

真正让我下定决心背水一战的，是与黑非洲*文学史相关的若干因素。当年我还是一名在巴黎求学的青年学人，每当路过法兰西公学院时，我都会不由自主地想起1956年黑人作家和艺术家大会，举办地就在公学院旁边的索邦大学。我眼中的巴黎第五区到处都是阿里翁·迪奥

---

* 黑非洲（continent noir），泛指撒哈拉大沙漠中部以南的非洲。——编注

普（Alioune Diop）的身影。他不仅是大会的组织者，还是《非洲存在》杂志（*Présence Africaine*, 1947）及同名出版社（1949）的创办人。时至今日，非洲存在出版社仍在其原址——学校路27号，与法兰西公学院不过数百米的距离。拉丁区当时是巴黎名副其实的"非洲知识分子"聚集地，也是孕育"黑人思想"（la pensée noire）的真正摇篮。利奥波德·塞达尔·桑戈尔（Léopold Sédar Senghor）、艾梅·塞泽尔（Aimé Césaire）、贝尔纳·达迪耶（Bernard Dadié）、谢赫·安达·迪奥普（Cheikh Anta Diop）、阿马杜·昂帕泰·巴（Amadou Hampâté Bâ）、莱昂-贡特朗·达马斯（Léon-Gontran Damas）、雅克·拉伯迈南贾拉（Jacques Rabemananjara）及其他黑人性思潮的先驱们频繁光顾非洲存在出版社及同名书店，诸如西奥多·莫诺（Théodore Monod）、安德烈·纪德（André Gide）、让-保罗·萨特（Jean-Paul Sartre）、乔治·巴兰迪耶（Georges Balandier）、米歇尔·莱里斯（Michel Leiris）等法国知识分子也是常客，大家共同推动着这场黑非洲的文化勃兴。此外，还有来自不同语言环境的知名人物的助力，如巴勃罗·毕加索（Pablo Picasso）、理查德·赖特（Richard Wright）、詹姆斯·鲍德温（James Baldwin）、约瑟芬·贝克（Joséphine Baker）等。

尽管非洲在巴黎中心掀起了一股文化热潮，但在法兰西公学院却备受冷遇。非洲真的无人问津吗？某种程度上也并非如此，其实，早在法兰西殖民帝国时期，公学院就曾开设多个"南方国家"（pays du Sud）教席——实指世界各地的法国殖民地，偏重北非、北非史及穆斯林社会研究。尤其值得一提的是，研究资金并非来自法国教育部，而是来自殖民机构！

非洲社会比较研究教席在20世纪80年代一直由人种学家和人类学家弗朗索瓦兹·埃里蒂埃（Françoise Héritier）主持，它在埃里蒂埃教授的学术声誉和威望下实现了一次真正的进步。可惜这门内容丰富、气氛热烈的课程没有在法国教育系统内部创造我们原本期待的突破之势，即在颠覆思想的同时，加速推进"非洲研究"（études africaines）在这座知识殿堂的生根发芽。眼下，在我授课的美国，非洲或非洲裔的大学研究员、作家或艺术家常常被委以教职，并被纳入法语系师资队伍，这一传统由来已久，目前包括任教于路易斯安那大学及纽约城市大学的马提尼克人爱德华·格里桑，哥伦比亚大学纽约分校的瓜德罗普人玛丽斯·孔戴，纽约大学的阿尔及利亚人阿西娅·杰巴尔（Assia Djebar），西北大学芝加哥分校、加州大学欧文分校、加州大学伯克利分校及南非威特沃特斯兰德大学的喀麦隆人阿基尔·姆邦贝（Achille Mbembe），哥伦比亚大学纽约分校的塞内加尔人苏莱曼·巴希尔·迪亚涅（Souleymane Bachir Diagne），加州克莱蒙特·麦肯纳学院及乔治·华盛顿大学华盛顿分校的吉布提人阿卜杜拉曼·瓦贝里（Abdourahman Waberi）等。

我从未将"无人问津的非洲"看作法国大学界策划的一场集体阴谋的佐证，事实上，它常常被当成替罪羊。做事要循序渐进，不能操之过急，也不要灰心丧气，让我们逐渐打破隔阂，增进彼此的了解，被排斥在文明大合唱外的声音将奏响明天的世界。这些被错误描述为"遥远异邦"的声音其实是缺失的碎片，让我们能够以最多样化的方式界定我们的人文精神。

因此，我不会推断出非洲缺席于法国教育体系的结论。当涉及整合殖民史的相关问题时，还是存在一种畏手畏脚的心态，非洲研究在法国仍被视作可疑的、反动的、具有煽动性的，因出言驳斥法兰西民族的"美好与黄金"时代*

---

* 即"美好时代"与"黄金三十年"。美好时代（La Belle Époque）用以形容法国历史上的一段时期，始于1871年，终于1914年。黄金三十年（Les Trentes Glorieuses）指"二战"结束后，法国在1945—1975年高速发展的时期。如无特别说明，本书脚注均为译者注。

而声名狼藉，法国在任何情况下都不应向"白人的眼泪"*
低头。

如此一来，以不同的方式谈论非洲就会被视作一项对
前殖民强国的指控。关于和黑非洲的**相遇**，它已写就自己
的版本，并使其在教学中得以普及，因此，法国不希望看
到几个"疯子"**对这部精彩的史诗指手画脚。这些抵抗者让
一些人心怀恐惧，以至于认为非洲研究与后殖民研究是危险
且有害的，只会不停地把欧洲送上被告席。这一想法的荒谬
之处在于，非洲研究与后殖民研究传达的是他者的呼吸，是
对单一、僵化且武断的历史观的拒斥，是直面征服、冲突、
矛盾、分歧、伪善、忘义、斗争等问题的必要实践。

我们知道，法兰西公学院诞生于1530年并延续至今，
而在它创立的年代，非洲既不是一块失落之地，也并非一

---

* 《白人的眼泪：第三世界、内疚、自我悔恨》(*Le Sanglot de l'homme
blanc: Tiers-Monde, culpabilité, haine de soi*) 是法国哲学家帕斯卡尔·布
鲁克纳 (Pascal Brucker) 写于1983年的一本论战性著作，对西方左翼
支持第三世界的感伤主义进行探讨。布鲁克纳批评法国支持第三世界主
义的系统运动，称法国陷入一种廉价的自责。
** 在小说《碎杯子》(*Verre cassé*, 2005) 中，马邦库借用塞利纳笔下的
"疯子"(agités du bocal) 形容某些非洲作家，以区别于"疯子言论"
和真正的非洲研究、后殖民研究。1948年，法国当代作家路易-费迪
南·塞利纳发表了抨击萨特的文章《致疯子》(*À l'Agité du bocal*)，以回
应萨特1945年12月在《现代》杂志上对其反犹亲德和种族主义立场做
出的无理据攻击："如果塞利纳支持纳粹的社会主义论调的话，那是因
为他得到了报酬。"

片无序之地，尽管有人总想借此为殖民远征队及所谓的文明使命辩解！不，经西方世界粗略勾画的非洲是一个被幻想出来的非洲，一个对矛盾话语抱有敌视态度的非洲。要确信这一点，只需要重读探险家奥尔弗·达佩尔（Olfert Dapper, 1639—1689）的作品即可，它们出版于公学院成立的一个世纪后。这名"未知地带"的荷兰专家对地处中非的刚果王国做过细致描写，比如王国的政治等级划分及其享有的崇高知识威望。外交家兼探险家哈桑·瓦赞（Hassan al-Wazzan，别名"非洲人莱昂"）及其他确凿记事则记录着西非廷巴克图（Tombouctou）的知识资本。

16世纪也充斥着种种把我们非洲人排除在外的片面之词。对西方世界而言，我们天生就不是思考的料，这种偏见将在我之后的课程中反复提及，直到殖民文学时期，我们在欧洲人的笔下仍然没有话语权，欧洲在以我们的名义替我们说话，把我们贬损至一种无民事行为能力的无智状态。这些成见只有等到真正的非洲文学出现才会受到质疑。真正的非洲文学与欧洲人书写的有关非洲的文学势如水火，而后者竟然也被称为**非洲**文学！

当我考虑接受法兰西公学院的邀请时，这些想法在我的脑海里盘旋。我不希望这份荣誉的获得是因为我的肤色，这只会让我感到冒犯而非喜悦，否则我将毫不遗憾地拒绝公学院的邀请。我倾向于认为，公学院希望邀请一名作家——安托万·孔帕尼翁在推选辞中也对此做出充分说明。此外，我知道自己此行的目的不是与研究夏尔·波德莱尔、维克多·雨果、马塞尔·普鲁斯特等法国文学的经典作家的专家们同堂竞技。公学院没有命令或建议我做任何事情，它甚至对我打算着手的研究领域毫不知情，也许公学院期待我对写作"手艺"（métier）展开长篇大论，开展某种高水平的"写作工坊"，毕竟公学院是鉴于我的作家身份才将艺术创作教席委托于我的。但为何我要跳过我的"出身"而直接开讲写作"技巧"呢？我的"出身"扎根于非洲文学，它诞生于对欧洲文学经典的反叛，非洲人在欧洲文学里仅仅是一个被贬损的哑角，他身着奇装异服充当欧洲人的护卫，嘴里只会发出一些咕咕囔囔的声音。我为此向公学院提议开设一门导论课，介绍黑非洲的法语写作。在今人的眼中，非洲是上演部落战争、独裁统治、香蕉共和国等大戏的舞台，尽管在20世纪60年代，"独立的太阳"[*]曾敲响新兴国家解放的钟声。这些新兴国家的国境线是前欧

---

* 《独立的太阳》（*Les Soleils des Indépendances*）是科特迪瓦作家阿玛杜·库鲁马于1968年发表的一部长篇小说。

洲殖民列强在1884年11月15日至1885年2月26日召开的著名的柏林会议上划定的。

我独立制定了课程目标，它们反映着我内心长久的企盼，在大写的艺术给予我的自由中，我将填补复数文学背景下的一处空白，使大作家的名字不断回响，他们早已享誉海外，却在法国寂寂无名，尽管他们和法国作家一样，都使用相同的语言写作，在相同的出版社发表作品。我希望能够揭示，法语作品不止法国一个中心，它们如触手般超越了欧洲大陆狭隘的地域界限，将广阔空间囊括其中，它们不断探索想象的可能性，在五大洲传递用法语构筑的想象奇观。

我在接受任命后开始着手下一步的行动：写作就职演讲稿。它是一张行进图，幸运的话，它可能成为我们遗忘所有后的唯一留存！我希望这场就职演讲可以反映我的个性（第一人称代词"我"是有必要的），因为我把个性看作我个人身份的延续。这场就职演讲当然将立足文学史。基于此，我将回顾某些种族意识形态，西方在探险和殖民远征时期对非洲的印象，从最陈旧的观念出发的非洲法语文学是如何孵化并催生出一份对过去，尤其是现在的我们而言不可让渡的遗产的，那就是我们非洲人自己对我们世界的构想。

我不停地提醒自己，当心成为一名陷入某种抱团的非洲主义的作家——携带一件杀伤性武器到法兰西公学院控诉西方对非洲犯下的累累暴行！相反，我会怀着感激之心看待帮助我向世界敞开自我的，来自他者之地的想象。世界在我看来就像一门语言，与此同时，我不会放弃对客观批评的追求……

第一课是整个课程最为重要的部分，准备工作一点儿也不轻松，不安与紧张让我在开讲前的几个夜晚难以入眠，"被咬破的网眼"滋生着持续的焦虑，我为可能的"功亏一篑"忧心忡忡。*我像一个准备大型口试的大学生，身边到处都是书，所有墙上都贴满了笔记！

就职演讲的传统形态通常涉及主题介绍，也会对此后一整年的教学活动及所探讨的问题做出说明。公学院与大学的课程设计有所不同，它取消了评分制度，以课程和研讨会的形式向公众开放教学。本着这一精神，我在几个月里阅读了多份就职演讲，对神学、自然人类学、历史学等不同学科教授主讲的课程内容做了大致了解——《历史的用处》[1]（*Ce que peut l'histoire*）给我留下了深刻印象，主

---

* 源自拉封丹寓言故事《狮子与老鼠》（*Le Lion et le rat*）。

讲人帕特里克·布歇伦（Patrick Boucheron）的就职演讲十分精彩。

我必须写作我自己的就职演讲，必须在公众面前发表我自己的就职演讲。然而，在写作的当口，直到我进入玛格丽特·德·纳瓦尔（Marguerite de Navarre）阶梯教室以前，我对参与课堂的公众构成还一无所知。我万万没有想到，2016年3月17日会有1 300余人挤在教室门口，法国及国际媒体的到场也完全出乎我的意料，法国国际广播电台甚至罕见地对就职演讲进行实时直播——让非洲大陆的非洲人也能全程参与。

在场的非洲人与非洲人后裔中，有许多人是第一次来到法兰西公学院，在玛格丽特·德·纳瓦尔阶梯教室前（我的课程与研讨会的举办地）经历漫长等待，我大为感动。他们的到场不仅仅是为了表达看到自家"兄弟"的自豪，同样也是为了向走进这座辉煌殿堂的黑非洲文学致以敬意。对他们而言，是非洲从大门走进了法兰西公学院……

法兰西公学院的非洲存在值得鼓励，鉴于我的课程曾受到公众与法国媒体的热烈欢迎，这让我对教员开放性及法国公众与媒体的接受度感到乐观。在这里，我满怀喜悦地向大家推介我的八堂课，借此我们可以平和有礼地重读我们共同的过去，如同接受一次对话的邀请。唯有如此，我们的存在再不会受偏见束缚，我们的未来再不会受奇谈怪论污辱。文末一并附上两篇文稿：一篇是以"法语世界"为主题的致法兰西共和国总统的公开信；另一篇是应法国国家元首邀请，在兰斯发表的纪念为法国战斗的非洲步兵团的演讲稿。它们或远或近地构成了我的法兰西公学院之行的一种延续。

阿兰·马邦库

于洛杉矶

2019年5月30日

第一课
黑人文学：从至暗到光明

2016年3月17日

法兰西公学院院长先生，

各位教授们：

自1916年起，法国开始刮起"巴娜尼亚"*（Banania）的隐喻之风。该品牌广告画由艺术家贾科莫·德·安德烈斯（Giacomo de Andreis）于前一年创作完成，画中呈现的殖民时期的黑人形象就在此后的一个世纪里挥之不去。

从1917年开始，该广告画还附上了一句破坏性标语："尼亚味道好。"**"黑人世界"（monde noir）直到1919年2

---

* 法国流行的一种巧克力粉品牌。

** "一战"时期为法国出征的非裔士兵大多没有系统地学习法语，当他们试图表达"巴娜尼亚味道好"（Banania est bon）时，听起来像是"尼亚味道好"（Y'a bon）。

月2日在巴黎召开黑人代表大会时才做出反应，此时距勒内·马朗的《霸都亚纳》——第一部获得龚古尔文学奖的"黑人小说"——的发表还有两年……

20世纪30年代开启了黑人骄傲的时代。1956年，《非洲存在》杂志在距离公学院不远的索邦大学发起并召开黑人作家和艺术家大会，巴黎俨然成为"黑人世界的灯塔"。与八年前颁布的《世界人权宣言》(La Déclaration universelle des droits de l'homme)的地点一样，黑人作家和艺术家大会也被安排在勒内·笛卡尔阶梯教室举行，这届大会奏响了非洲独立与黑人思想解放的先声。

在距离我们更近的1968年，马里小说家扬博·乌洛格(Yambo Ouologuem)凭借《暴力的责任》(Le Devoir de violence)获得勒诺多文学奖。在距离我们更近的20世纪70年代中期，原本开放的移民政策陷入停滞，这项政策将他者视作导致欧洲灾难频仍的罪魁祸首，与此同时，一些生于斯长于斯，且只识得法国的黑人不免产生惊讶和疑惑：我到底是这里人还是那里人？"法国黑人"频繁要求在法国史上占有一席之地。20世纪80年代，《黑色诡计》(Black Mic-Mac, 1986)开启了黑人演员的银屏之路。

1996年，卡里克斯·贝亚拉(Calixthe Beyala)的

《失却的荣誉》（*Les Honneurs perdus*）获得法兰西学院大奖。一种"此地文学"（une littérature d'ici）的时代就此开启，我趁势在1998年发表第一部小说《蓝-白-红》（*Bleu-Blanc-Rouge*），讲述有关欧洲——非洲人眼中的天堂——的神话。同一时期，法国首次在世界杯足球赛夺冠，经历胜利狂喜的法国自称"黑人-白人-北非人"[*]并期望将奴隶制问题纳入集体记忆。

时间来到2016年，巴娜尼亚宣传画的流通至今已有百年历史，黑人作家和艺术家大会的召开也已是六十年前的旧闻，法国仍对双重国籍者疑心重重，世界的变化令法国力不从心，也难以想象自己是一个多元、富裕的伟大之邦……

随着法兰西公学院就职时间的临近与准备就职演说的阅读积累，我注意到安托万·孔帕尼翁的《文学何为？》（*La Littérature, pour quoi faire ?*）中的一个段落。此前，正是你们这位杰出的同侪代表诸位向我发出了在今年成为公学院大家庭一分子的邀请。

---

[*]　"黑人-白人-北非人"（Black-Blanc-Beur）诞生于1998年世界杯足球赛期间，同法国国旗"蓝-白-红"（Bleu-Blanc-Rouge）发音押韵，象征法国的种族融合。

孔帕尼翁在2006年11月30日的就职课程中坦诚道：

　　诸位实难想象我所欠缺的文学智识，我不曾阅读的和我未知的一切。原因是，在文学这门课上，我几乎是一名自学者。授课三十余载，文学是我一生的志业。承蒙诸位赏识，许我主持文学教席，我仍将借授课之机，以未知为马，行阅读之实，是谓不足而知学也。[1]

　　孔君的一席话未能使我心绪安宁，反而在我身上制造出一种持续的焦虑感，我尤其感到自己肩上的担子不轻，讲述非洲百年文学史及殖民过往的影响对于我而言实在是一份沉甸甸的责任，要知道，我不是从教授变成作家的，而是在美国的推动下从作家变为教授的。

　　今天，站在诸位面前的，是一名作家；在观察世界，观察在喧嚣声和全球化震荡中失衡的世纪的，也是一名作家。所有这一切，所有我在此时此地肩负的责任把我引向一个严肃的问题：如果诸位推举人选出错呢？

　　我猛然找到了本次演讲的出发点：从向诸位坦承我的身份开始，也许你们尚可收回成命，毕竟孰能无过？……

我到底是谁？

你们无法在我的刚果和法国护照中觅到答案。我是刚果大诗人契卡亚·乌·塔姆西（Tchicaya U Tam'si）口中的"刚果高卢人"（Congaulois）吗？或者按照时下流行的说法，我是一名"双重国籍者"吗？

事实上，在1530年——法兰西公学院（旧称皇家学院）创立之年，我还算不上人：当时的我还是一名俘虏，以塞内冈比亚（Sénégambie）为例，一匹马的价值相当于6到8名黑人奴隶！这解释了我对骑马的担忧，尤其是当我走近一匹被骑的牲畜时，它背负我的姿态会令我不由自主地回想起自"含的诅咒"*（malédiction de Cham）以来丧失行为能力的下等人的状况，那亦是我曾不断与之抗争的形象缩影。但这则含的神话在不同时代和境况下被反复迁移，它在很大程度上助长了某种种族主义，并为跨大西洋及阿拉伯-非洲地域的黑人奴役提供通行证。与此同时，含的神话或近或远地激发了我对文字的热情，对讲述、叙述及说话的渴望。

---

* 《创世记》第九章记载有先祖挪亚对儿子闪和雅弗的祝福以及对含的诅咒。挪亚酒醒后知道儿子含看见自己赤体，挪亚预言（实际上是对含的儿子迦南的诅咒）："迦南当受咒诅，必给他弟兄作奴仆的奴仆。"这则故事在此后的历史中为他人所用，解释成黑皮肤的人要给别人的奴仆。

虽然有关"含的诅咒"的宗教文本没有提及我的肤色——我坚守到底的肤色，但奇怪的是，《圣经》注解的奠基人奥利金（Origène）却在公元3世纪提出"罪恶的黑暗"的主张。对数百万人而言，黑皮肤俨然成为一种宿命，在白色的衬托下，黑色成为一种被羞辱的颜色，一种面对历史的姿态。于是，向往自由、平等、博爱的人们投入战斗，其中包括许多前辈作家和教授，在他们的努力下，事物间的对立程度有所缓和。

而我还是同一人：我保留了我的塌鼻子。诸位也早已抛下16、17世纪的成见：弗朗索瓦·德·内格罗尼（François de Negroni）记载道，当时一些神甫认为"黑人是无辜的，他们的肤色是由所在纬度的太阳光造成的，假如他们生活在寒冷地带，身上的气味便会好闻些，如果非洲母亲不再把孩子紧缚在背上，黑人的鼻子兴许就不会那么塌"[2]。

也许有人会对我说，一切都过去了，一切都已成为历史。然而过去并未真正过去——它潜藏在我们的无意识中，有时还影响我们的判断，附身在我们所有人身上，过去书写着我们当下的命运。

感谢诸位欢迎我加入公学院，此举不仅展现了各位与蒙昧主义做斗争的坚定决心，亦体现了诸位对多元化知识的倡导。若此次委任是基于我的非洲出身，我恐怕会直截了当地拒绝，我明白此次推举的独特意义所在，这是公学院首次推选一名作家主持艺术创作教席，对此我想向诸位表示诚挚的谢意，感谢大家让我成为这汇聚各方杰出人才的公学院的一员。

说一千道一万，我很自豪也很高兴今天能站在这里，在你们中间，和你们一起……

女士们、先生们：

接下来，我们将回顾法国殖民文学与黑非洲法语文学之间的几重关系，以期为艺术创作讲席的后续课程做好开篇铺垫。同时还有必要在空白和有时混乱的叙事中联系加勒比海文学、非裔美国文学与黑非洲法语文学。试想一下，倘若没有克劳德·麦凯（Claude McKay）的《班卓》（*Banjo*），法国黑人移民史会如何？假如没有艾梅·塞泽尔的诗歌与激情，黑人思想又将呈现何种面貌？

诚然，黑非洲文学与法国殖民文学既不可分割又相互龃龉，以至于我们必须先借助放大镜重读殖民时期的作品，以便更好地理解非洲当代文学的现状及流散作家笔下的小说面貌，因此，我们不应该将殖民时期的作品看作遍布尘埃或注定要散落在遗忘之河中的事物。不可否认的是，黑人文学诞生自法国殖民文学，后者催生出一类遭西方世界禁绝或剥夺的话语，有时只有在监视下才得以保存或打着文化异化的旗号掩人耳目，直至黑人性的出世才造成一种明显的断裂，"黑人性"运动兴起于两次世界大战之间，以弘扬黑人自豪感与非洲文明遗产为己任，它将是我们下一讲的主题。法国殖民文学与黑人法语文学之间存在一种时间上的连续性，好比塞内加尔的军队源自塞内加尔步兵团，刚果的边境线则可以追溯至瓜分非洲的柏林会议，非洲法语则显然起源于殖民征服。

虽然在今天的我们看来，非洲与欧洲相距很近，可在过去很长一段时间里，非洲都被视作一块传奇之地，令探险者们着迷不已。眼花缭乱的探险家在这片囊括廷巴克图城、尼罗河之源、莫诺莫塔帕（Monomotapa）王国、桑海（Songhaï）帝国等在内的神秘土地上展开探险。未知之地令最伟大的探险家也前赴后继。让·德·拉·盖里维耶尔（Jean de la Guérivière）指出，失利的探险者"会通过美化偶然的发现以创造崭新的神话"。素有让-莱昂·德·梅迪西斯（Jean-Léon de Médicis）或"非洲人莱昂"[3]之称的哈桑·瓦赞是所有人竞相模仿的对象，瓦赞曾应教皇列奥十世之求写下名作《非洲世界地图》（*Cosmographia de Affrica*），这本有关16世纪非洲的参考书在更名为《非洲见闻录》（*Description de l'Afrique*）后于威尼斯出版，是一部极富开创意义的巨著。

在接下来的一个世纪里，荷兰人奥尔弗·达佩尔（Olfert Dapper）撰写了一部同名作品——《非洲见闻录》。身为昆虫学家的达佩尔以严谨的精神剖析了整块大陆，绘制出许多令当时的地理学家欣喜不已的地图，尽管达佩尔从未踏足非洲。诸位可能会想起创作《非洲印象》（*Impressions d'Afrique*）的小说家雷蒙·鲁塞尔（Raymond Roussel）。鲁塞尔也从未涉足非洲，但这部小说却受到超现实主义者的交口称赞，甚至还为马塞尔·杜尚（Marcel Duchamp）的绘画提供了创作灵感。

为撰写《非洲见闻录》，奥尔弗·达佩尔常常向当地的旅行者打听消息。当时，阿姆斯特丹聚集着一众热衷于出行的旅行客。但《非洲见闻录》的缺点在于它内含的民族中心主义视角，其中一些结论甚至令人哑然失笑。比如古刚果王国的居民被描绘成"狡猾、奸诈之人……他们不安分，爱争吵，胆小且懦弱"[4]。然而，有别于同代人的达佩尔采取了一种跨学科视角，将历史、地理、政治、经济和习俗的相关因素一并考虑在内。我们的时代不记前仇，1986年，以这位荷兰学者的名字命名的博物馆在巴黎开张，被专门用于陈列黑非洲的艺术作品。一个时代的盲目却成就了我们当下的光明，这是多么耐人寻味的讽刺……

　　苏格兰探险家门戈·帕克（Mungo Park）在《非洲内陆之旅》（*Voyage dans l'intérieur de l'Afrique*）借助另一种方式打破了当时欧洲人看待非洲的既定态度。[5]门戈·帕克与其他探险者一样，为尼日尔河畔的传说所吸引，是最早探访尼日尔河的西方人之一。1795年，他首先抵达冈比亚（Gambie），其后在尼日尔（Niger）的塞古城（Ségou）落脚。十年后，再次抵达尼日尔河的他却谜一般地消失了，仿佛一则神秘的河流传说。他笔下的非洲不是被诅咒的非洲，而是他所途经的非洲，那里的商业、农业及不同王国间的交流令旅行家惊叹不已。之后，殖民者的到来打破了原有的平衡，当地人被迫向殖民事业重点开发的地域移动。这位苏格兰人还对野蛮好人的神话提出质疑，并强调黑人身上兼具优点和缺点。在他看来，黑人和白人之间区别并不大。这可能是种族偏见到来以前的最后质疑时刻，19世纪将见证种族主义话语的肆虐，一众学者亦将成为其拥茛……

勒内·凯利（René Caillié）被认为是法国的门戈·帕克，1830年出版《廷巴克图之旅》（*Voyage à Tombouctou*），八年后离开了人世。[6]这名法国探险家曾多次远赴非洲，在塞内加尔与埃及探险，并认真学习当地语言。抵达福塔贾隆（Fouta-Djalon）后，他溯行至尼日尔河上游，后逐渐向杰内（Djenné）和廷巴克图行进。书名中出现的"廷巴克图"一词可能会造成如下误解：作者对这座神秘的传奇之城进行过深入研究。但他已完成主要工作，这足以使他获得一份数额诱人的奖金。该奖金由巴黎地理学会（Société de Géographie de Paris）发放，用于奖励第一位前往上述地区的欧洲人。殖民文学的研究专家们也往往将勒内·凯利的作品视为法国非洲探险文学的开端。

此外，不少小说也在探险叙事的基础之上进行创作，旨在推动大众对非洲的了解，譬如儒勒·凡尔纳（Jules Verne）的《气球上的五星期》（*Cinq semaines en ballon*，1863）。它们描绘的非洲仍承受着诸多偏见，融合着对异域的渴望及探险的热忱。实际上，小说家通过丰富的描述与参考填补探险家遗留的空白，以期满足一种求知的欲望。让-玛丽·塞兰（Jean-Marie Seillan）表示，"只要非洲地图上还有空白点"[7]，有关非洲探险的虚构故事便仍然有其存在的理由。

法国探险小说将知识作为一种实质性要素，只能以一种可预见的笨拙手段凸显非洲的独特、陌生与神奇。探险小说家也不假思索地进行自由的想象，这令读者难以判断其笔下非洲形象的真伪，毕竟当时前往非洲的旅程十分罕见，也异常危险。

与推重认识与知识的探险小说不同，随后诞生的冒险小说使情况变得更为复杂。我们接下来的介绍将朝着非洲冒险故事的方向发展，而"占有"（possession）则成为其主导性特征。在儒勒·凡尔纳的《南方之星》（*L'Étoile du Sud*, 1884）、亨利·德·诺维尔（Henri de Noville）的《梅朗德的财宝》（*Le Trésor de Mérande*, 1903），或路易·布森纳（Louis Boussenard）的《三名法国人在钻石国的冒险之旅》（*Aventures périlleuses de trois Français au pays des diamants*, 1884）中，故事人物不择手段且贪婪无度，他们身处遥远地带，那里百无禁忌。非洲人呢，他们融于故事背景，任由主张善恶二元论的叙述者肆意摆布。不，非洲人不是透明人，他们甚至被冒险家看到，但他们并不思考；令冒险小说家感兴趣的，是非洲的与众不同与神秘莫测，一个和文明社会相互龃龉的世界——艾梅·塞泽尔在《返乡笔记》中感叹道，那里的人"既没有发明火药或指南针，也未曾驯服蒸汽或电力，他们也从未探索过海洋或天空"。

继探险和冒险小说的浪潮之后，一类"充满异域风情的"法国文学随殖民征服而出现——它有时被看作殖民文学的对立面，仿佛后者是下一阶段的事物。让-弗朗索瓦·斯塔萨克（Jean-François Staszac）认为，异域文学"致力于重现一段业已完成的旅程：人们试图亲眼见证旅程所激发的动人文本和图像"[8]。英语地区的异域文学获得了极大成功，一些小说甚至跻身经典行列。让-玛丽·塞兰对法国该时期百余本异域文学作品做过统计，并表示没有错过任何一本类似约瑟夫·康拉德（Joseph Conrad）的《黑暗之心》（*Au cœur des ténèbres*）或亨利·雷德·哈格德（Henry Rider Haggard）的《她：一部冒险故事》（*Elle: un récit d'aventures*）的实力作品。这位大学教员评价道："小说的蓬勃发展填补着19世纪末文学的一处空白。"[9]

英国人也没有逃脱体裁的陷阱。尼日利亚作家钦努阿·阿契贝（Chinua Achebe）表示，《黑暗之心》展现了一个异常黑暗的非洲：通篇的巫术，还有蒙昧的主人公——

他们不是小说真正的行动者。非洲人不过是一类"素材"，是康拉德理解非洲大陆的剖析对象。在英国作家看来，小说主人公受比利时人委派沿刚果河溯行而上的漫长旅程才是重中之重。可见，并不存在一种真正的自省或一种内在的目光，也无从把握非洲人的"灵魂"。约瑟夫·康拉德笔下的非洲是一个"另类世界"、一个兽性世界，是"欧洲的反面，文明的对立面"[10]。

然而《黑暗之心》早已成为超越时代的经典，它启发弗朗西斯·福特·科波拉（Francis Ford Coppola）拍摄一部预言性质的神秘电影《现代启示录》（*Apocalypse Now*, 1979）。

在异域文学或冒险小说中，非洲人长期委身于一类讽刺性角色，并未提出自己对世界的看法，更谈不上在话语层面进行抵抗——上述文学对其他地方的认识符合殖民宣传的主张，被描绘的事物从未说话，也不能反驳，它们从未拥有发言权。于是人们逐渐相信殖民宣传和小说家们的讲述，仿佛那是真实的存在，而事实上，非洲只是他们的发明物，正如黑人是他们想象的产物……

界定殖民文学的范畴并非易事。伯纳德·穆拉里斯（Bernard Mouralis）表示，殖民文学在鼎盛时期几经易名，最先是"非洲文学"，继而被称作"黑人友好文学"（littérature négrophile）、"奴隶文学"（littérature esclavagiste）或"异域文学"（littérature exotique），直到"殖民文学"[11]才尘埃落定。尽管名称几易，该类文学标志着它的时代，对殖民文化做出过巨大贡献，而殖民文化在当时则成为法国人看待世界的集体思维的基础。

亚诺什·里兹（János Riesz）对文本范围的扩大表示担忧，他认为殖民文学无法被视为一个连贯整体，其中包括各类异质体裁，如探险叙事、殖民者或公务员的回忆录、宣传文本、诗歌、戏剧以及我们感兴趣的小说。

我甚至认为有必要打破"殖民文学是由殖民者书写"的窠臼——否则该如何归类殖民时期原住民创作的非洲文学呢？他们自己会发声，也无须他者替自己言说。

恰恰相反的是，将该时期的非洲小说置于殖民小说的框架内并不意味着使用和法国殖民文学相同的话语。事实上，即使在我称之为"非洲殖民小说"（fiction coloniale africaine）的内部，也不可避免地存在一些细分领域：一方面，主张对西方文化进行某种调和的作者可能被贴上"同化者"的标签；另一方面，一些作者在积极弘扬非洲文明的同时践行一种彻底决裂，在20世纪30年代与前文提及的

"黑人性"思潮共同经历了一段转折期。

法国殖民地文学，或言关于殖民地的法国文学，有别于前阶段将认识、殖民地经历（vécu）视为创作前提的异域文学。好比宅男宅女难以写作旅行文学：不论是殖民活动的支持者还是反对者，要了解殖民地情况，就意味着从内部了解相关机制；此类文学创作诞生自内部。罗兰·勒贝尔（Roland Lebel）在《法国文学中的西非》（*L'Afrique occidentale dans la littérature française*）中表示，在殖民地出生是一种优势，勒贝尔将《笔杆将军》（*Le Chef des porte-plume*）的作者——殖民作家罗伯特·兰道（Robert Randau）与鲁德亚德·吉卜林（Rudyard Kipling）并列，他们分别出生于法国和英国的殖民地，他们的作品也因此被视为"一种直接记录的结果，取材于作家亲身经历的现实事件"[12]……

按照殖民文学的原则，话语合法性理应属于正在经历或曾经经历过殖民现实的人，他们有别于飞越大陆、草草讲述朝圣之旅的旅行者。如此一来，安德烈·纪德的《刚果之行》（*Voyage au Congo*）及《乍得归来》（*Retour du Tchad*）便丧失了话语合法性。上述强调经历的原则同时印证了以下观点：殖民文学是随殖民化的实施而兴起的。殖民文学的目标也十分明确：为殖民事业辩护。

殖民作家对旅行作家所采取的审慎态度听起来更像是一种建立热带保护区的谨慎之举，与亨利·波尔多、塔劳兄弟或让·雷诺少校获得了不小成功的数十部作品相比，包括纪德在内的诸多旅行作家则更多地改变了对殖民时代与现代非洲的看法。

在某些旅行作家的作品中，存在着一种动摇殖民系统根基的话语，作为创作前提的实地经验仅仅是一条策略，比如两次世界大战期间的人种学也要求一种相同的严谨性。米歇尔·莱里斯（Michel Leiris）在《非洲幽灵》（*L'Afrique fantôme*）的序言中写道："从几乎专一的文学活动转向人种志实践的过程中，我意在与自己从前的知识习惯决裂，通过接触不同于我，来自其他文化的人及其他种族，打破令我感到压迫的隔阂，并将自己的视野开拓至真正的人类范畴。"[13] 基于此观察，莱里斯开始频繁前往非洲与安的列斯群岛。自达喀尔-吉布提的人种志和语言学考察归来后，他在马塞尔·格里乌尔（Marcel Griaule）的指导下，于1934年出版了《非洲幽灵》这部皇皇巨著。其中，莱里斯的写作既透露出一种对科学性的要求，又凭借日记或旅行日志的形式为作品增添诗意，也因此体现出作家的双重身份——人种志学者兼超现实主义运动的一员。

人种学家马塞尔·格里乌尔很早便观察到实地接触的必要，在达喀尔-吉布提的考察任务中，莱里斯以秘书-档案员的身份随行。如今，我们重新认识到格里乌尔研究的重要性，尤其是他对非洲和人类的细致观察被视为一个关键的转折点，深刻影响着人们谈论非洲大陆的方式。

旅行作家与探险叙事的抒情性渐行渐远，这也正彰显出他们的个性。比如保罗·莫兰（Paul Morand）的纪实-叙事体及其作品《巴黎-廷巴克图》（*Paris-Tombouctou*, 1928）——对此，殖民作家可能会提出反驳：莫兰对廷巴克图的叙述仅占全书的一小部分，大部分的旅程主要发生在塞内加尔、法属苏丹（Soudan français）、几内亚、上沃尔特（Hante-Volta）及科特迪瓦。[14]

我们也可联想起路易-费迪南·塞利纳（Louis-Ferdinand Céline）的《长夜行》（*Voyage au bout de la nuit*, 1932）中激烈且尖锐的文字，尤其是作家对喀麦隆的描写，"一战"后，塞利纳曾在当地生活近一年之久。但给予殖民作家真正一击的是安德烈·纪德，这使他成为殖民作家攻击的主要目标之一——殖民地居民可能会抱怨道，纪德在法属赤道非洲的旅程仅为期七个月，这不足以跟真正长期的实地经验相抗衡。然而纪德在《刚果之行》中描述了原住民的生活状况，尤其揭露了在森林地区拥有特许经营权的公司的强制劳动、虐待和暴行，而上述行为均受到殖民政府的庇护。尽管纪德并未质疑一整套殖民制度，而仅仅是质问当中的权力滥用、暴力行为及不人道之举，但他却促成了一场上至法国国民议会的真正辩论。殖民右派指责纪德的惊叫声，殖民左派指摘他对法国的文明事业视而不见。纪德是一个清醒的人，尽管如此，他可能也不知道如何走出殖民旋涡。

然而，对殖民制度的质疑仍在进行，阿尔伯特·隆德（Albert Londres）1928年在《小巴黎人》（*Le Petit Parisien*）日报上发表了一篇具有高度论战精神的报道——《乌木地》（*Terre d'ébène*），该文一年后由阿尔宾·米歇尔出版社（Albin Michel）以作品形式出版。这位记者作家为所谓的"黑暗"非洲提供了当时期最为强有力的证据，即康拉德笔下的"黑暗"非洲，但隆德还掌握着数据！当隆德决意在非洲停留四个月时，他不仅得跟殖民部门（设立于1894年）的官员打交道，还要熟练处理跟殖民总局（成立于1919年）的小公务员的关系。其时，殖民总局担负着一个近乎神圣的任务：打造一副帝国功勋的理想形象——白人将作为向导，非洲人则被迫面带微笑地跟随其后，在这个理想世界的中央，桥梁、道路和港口码头在为明天的非洲做准备。在我的祖国刚果，让我的祖辈付出生命代价的铁路建设正如火如荼地开展，与此同时，马赛于1922年举办第二届殖民地博览会，正如帕斯卡尔·布兰查德（Pascal Blanchard）、尼古拉·班塞尔（Nicolas Bancel）和桑德琳·勒梅尔（Sandrine Lemaire）所强调的那样，殖民地博览会巩固了帝国观念的发展，使"人类动物园"（zoos humains）愈发受人青睐，这一观念不仅来自"关于他者（被殖民与否）的社会想象的建构，也与受体质人类学发展影响的'种族等级论'的科学理论化有关，最后，它也是殖民帝国全面建设的结果"[15]。

正是在上述背景中，《乌木地》应时而生。它反映了记者兼作家的勇气与客观立场——对强制劳动的谴责，该说法其实是为了避免使用奴隶制的字眼，即对另一种形式的奴隶制的披露，是法兰西，最伟大的法兰西，共和的法兰西使之在殖民地经年累月地持续。这条劈开非洲森林，运送黑土地的财富至大洋彼岸的刚果铁路成了殖民者剥削非洲大陆的象征。

阿尔伯特·隆德在序言中表示："我依然坚信记者不是

走在队伍前方，把手蘸在盛满玫瑰花瓣的篮子里的唱诗班的孩子。我们的职业并非造成伤害，而是书写伤痕。"[16]这段文字阐明了其出人意料的立场，可以视作对其作品的指责的回应。

伴随着伟大旅行家们的文本、记者们的调查、法国抗议作家们的叙事及对时局有着清醒认识的记者们的文章，一种关于非洲的认识正在形成。它宣告着非洲文学的到来——初看之下，是非洲人为非洲人书写的非洲文学，但实际上，它是作为一种对殖民意识形态的回应而出现的，它要将欧洲送上被告席……

女士们、先生们：

我们总是听到旁人介绍说，非洲大陆偏爱传统口头文学。阿马杜·昂帕泰·巴的名言也常被误用于佐证非洲口述文学的卓越地位："非洲每一位老人去世，便相当于一座图书馆被烧毁。"这句话现已成为一句谚语。

昂帕泰·巴的原话可以追溯至1960年12月1日在联合国教科文组织第十一届大会上的发言，其措辞背景与维护非洲历史起源之必要性有关。因此，所谓非洲的书面表达源自殖民统治和殖民文学的到来也是一种误解。阿拉伯语字母表早于拉丁语字母表出现，后者由传教士传入。非洲传统文学，正如让·德里夫（Jean Derive）、让-路易·茹贝尔（Jean-Louis Joubert）和米歇尔·拉邦（Michel Laban）指出的那样："浸润在一种口述文明当中，这并不意味着对文字的无知或排斥。这说明，即使留下书面记录，传统文学也不是一种阅读式的消遣，而是不借助任何媒介的、直接面向听众的诵读，这有益于保障群体凝聚力与共同体意识。" 17

如果说殖民化借由文化适应催生出一种非洲法语文学，那么此类非洲文学还同样受到来自美国的文化风潮的影响。面对全国性的种族隔离制度，美国黑人坚决要求人身权得到保障，后致使多位著名的非裔美国作家和艺术家在20世纪20至30年代流亡欧洲，尤其是法国，他们在异国他乡为他们的艺术找寻一个表达空间。哈莱姆文艺复兴的阵地转移至巴黎，它灌溉着这座光之城，也巩固着美国黑人的思想，并将直接影响到法国黑人学生的解放运动。由非裔美国人构筑的塞纳河畔在两次世界大战期间犹如一块世界磁铁，这一激情甚至飞跃了凄凉悲伤的维希时期，一直蔓延到20世纪50年代，使巴黎不单单成为非洲黑人，而且是全世界黑人的解放之都，与此同时，殖民文学将在巴黎展开双翅，朝着一个崭新的命运飞去。

1956年，时值黑人作家和艺术家大会召开之际，来自非洲大陆的多位作家在巴黎的文化热潮中，追随殖民文学的脚步，对殖民化展开描述、解构与批判，他们对殖民空间的看法与殖民文学的观点相左——殖民空间正大步迈向独立。呈现相关主题的作品比比皆是，尤其是贝尔纳·达迪耶的《一个黑人在巴黎》（*Un Nègre à Paris*, 1959）表达了一种"反向的异域风情"（exotisme inversé），是非洲人在剖析西方文明。

恢复非洲名誉、弘扬非洲精神及抵抗西方话语是这场运动的宗旨所在。通过创作说"不"，唤起想象的力量，呈现另一种对人类的解读，以上种种皆为殖民时期及独立后非洲作家的创作任务，是一种回忆录式的清算。简言之，黑非洲文学的抱负不仅仅是利用非洲话语替代殖民者话语，还在于从根本上拒斥殖民小说的陈词滥调及其对社会世界和意识形态的表述。但哪些作品、哪些作者、哪些言辞能够促成这场革命呢？哪一个日期可以作为划分之前（un avant）与之后（un après）的分界线？

两名混血儿发出了第一声低语。塞内加尔探险家莱奥波德·帕内（Léopold Panet）1850年对非洲部分地区的探索赶在了欧洲人之前。戴维·博伊拉（David Boilat）神父1853年出版了《塞内加尔概况》（*Esquisses sénégalaises*）。

但1921年无疑才是黑非洲文学发展的关键时刻，换言之，仅仅在巴黎黑人会议（Congrès de la race noire），即第二次泛非大会召开两年后，批评的时机就到来了。

正是在1921年，一本毁誉参半的小说出版了，它便是著名的《霸都亚纳》，副标题为"真正的黑人小说"，作者是圭亚那人勒内·马朗，首位获得龚古尔文学奖的黑人作家。《霸都亚纳》的小说背景设置在乌班吉沙里（Oubangui-Chari），作者曾在当地殖民政府实习。此次获奖仿佛是对塞内加尔步兵团在"一战"期间所做牺牲的间接回应，当时，巴娜尼亚的品牌海报开始张贴在法国的墙上，"尼亚味道好"的黑人微笑令数百万法国人沉浸在对非洲的亏欠中。小说的获奖又如同对德国人的一次回应：同年，德国人对来自莱茵河对岸的黑人步兵团大加指责并谈论所谓的"黑色耻辱"*。

《霸都亚纳》的序言是一名黑人发出的最激烈的文学控诉之一，目的在于反抗他自己所身处的体系。除了这篇位

---

* 黑色耻辱（honte noire）是20世纪20年代初在魏玛德国发起的一场民族主义和种族主义宣传运动，目的在于谴责法国殖民部队对莱茵地区的占领。

于卷首的文本外——真是一石激起千层浪，《霸都亚纳》这部小说并未明确斩断"戈耳迪之结"（nœud gordien），而是留下一条模棱两可的路径，塞内加尔的乌斯曼·索塞·迪奥普（Ousmane Socé Diop）、阿卜杜拉耶·萨吉（Abdoulaye Sadji）及几内亚的卡马拉·莱耶（Camara Laye）等作家将沿袭这一脉络继续创作。尽管上述主张和解的小说家不以正面攻击西方为目的，但通过揭露某种非洲的现实，也在背后同白人文化优越论对抗。正如安德烈·卡利（Andrea Cali）所阐明的那样，《霸都亚纳》是一部殖民小说，其原因在于马朗"在介绍非洲生活的某些侧面时流露出殖民者视角下的诸多偏见，他并未在叙述的正文部分真正质疑殖民者的暴虐行径"[18]。

马朗与殖民制度的关系映射出黑非洲文学内部的一个巨大矛盾，即作者渴望经由爱国主义同化实现向法国精英的转变。自1937年起，负责帝国宣传事务的勒内·马朗得到殖民地信息和文献服务机构的资助，为此，他必须无偿为殖民宣传的相关报纸撰写文章。占领期间，他继续为殖民事务部和宣传机构工作。1942年，他被法兰西学术院授予布罗凯特-戈南奖（prix Broquette-Gonin），该奖项旨在奖励"道德品质高尚"的作家。他还出版了多部关于帝国建设者的作品，如伽利玛出版社出版的《布拉扎及法属赤道非洲的建立》（*Brazza et la fondation de l'AEF*, 1941）和阿尔宾·米歇尔出版社出版的《帝国先锋》（*Les Pionniers de l'Empire*, 1943）。虽然他在战后出席了第一届世界黑人作家和艺术家大会及1959年在罗马举办的第二届大会，但他20世纪30年代的工作经历仍引发了诸多争议。1933—1935年间，马朗曾在《老实人》（*Candide*）——一份右翼文学期刊及《革命首月报》（*Vendémiaire*）上发表多篇文章，他还曾为法国主要的法西斯期刊《我无处不在》（*Je suis partout*）——战争期间主要的通敌和反犹日报[19]——撰写文章。

然而，《霸都亚纳》却影响了巴黎的一代黑人知识分子。桑戈尔表示，勒内·马朗是"使用黑人风格的法语表达黑人灵魂"[20]的第一人。桑戈尔及其他黑人性的倡导者大概已经意识到，在《霸都亚纳》后出版的几部非洲作品——如塞内加尔前步兵巴卡里·迪亚洛（Bakary Diallo）的《武力与仁慈》（*Force et bonté*, 1926），是第一部由非洲人用法语撰写的关于第一次世界大战的见证——普遍表现出一种对殖民化的顺从，对文明使命的意识形态表示支持。

没有任何借口可以维护一种顺从的文学，那是一个图形与绘画艺术都在挑战偏见的年代。最引人注目的作品当数毕加索的《亚威农的少女》（*Les Demoiselles d'Avignon*, 1907），其创作受到来自黑非洲的面具，尤其是创意人体动作的影响。为了完成这幅初生于20世纪的艺术典范之作，毕加索从摄影师埃德蒙·弗尔捷埃（Edmond Fortier）的一张印有多名运水女子形象的明信片上汲取了灵感。他在参观巴黎大皇宫1906年的殖民地展览时购得这张明信片。在这座官方支持的人类动物园里，在这座致力于殖民地宣传的殿宇内，诞生了另一种看待世界、艺术及非洲的目光。这一突变也表现在文学领域：以布莱斯·桑德拉尔（Blaise Cendrars）1921年——与《霸都亚纳》同年——出版的《黑人文集》（*Anthologie nègre*）为代表。

没有任何借口可以维护一种顺从的文学，那也是一个爵士乐、舞蹈和一般意义的黑人文化在欧洲普及的年代，更是德国人种学家和考古学家莱奥·弗罗贝纽斯（Leo Frobenius）发表那些出人意料的论文的年代。他拆解有关非洲野蛮性的观点，令法国黑人大为倾倒，他鼓励他们摆脱欧洲教育灌输的文化异化，重新对世界进行彻底审视，重新估量他们自己的文明对人类历史的贡献。彼时的大学生刊物表现出这种重新征服的姿态，尽管它们仅仅持续了短短的几期，比如《黑人世界杂志》（*La Revue du monde noir*）、《正当防卫》（*Légitime Défense*）——这两本刊物受到法国政府审查，后者以停发大学生奖学金为要挟；或《黑人大学生》（*L'Étudiant noir*），上面刊有艾梅·塞泽尔、利奥波德·桑戈尔及莱昂-贡特朗·达马斯的文章。

这三位黑人性运动的发起人也在阿里翁·迪奥普1947年创办的《非洲存在》杂志上发表过文章。通过不同世代间的联系，一场解放文字、思想和人类的运动在一个封闭的殖民世界里逐渐成形，自此以后，他者成为帝国（此后的法兰西共同体）的一类主体。而时代的另一个悖论在于：被殖民者有时会被纳入仪式、系统，比如以部长、参议员或议员的身份。很大一部分黑人精英通过成为法兰西共同体的显要人物来拥抱现状，而另一部分则谈论着激进的断裂。

在合作的十年期间，"黑人性"运动发展迅猛——莱昂-贡特朗·达马斯出版《色素》（*Pigments*, 1935），艾梅·塞泽尔发表《返乡笔记》（*Cahier d'un retour au pays natal*, 1939），利奥波德·塞达尔·桑戈尔著有《影之歌》（*Chants d'ombre*, 1945），特别是三年后出版的《黑人和马尔加什法语新诗选》（*Anthologie de la nouvelle poésie nègre et malgache d'expression française*）。三位作家甚至得到了法国文学重量级人物的正式认可：塞泽尔由安德烈·布勒东（André Breton）作序，桑戈尔及弗朗茨·法农由让-保罗·萨特作序，而达马斯则由罗伯特·德诺斯（Robert Desnos）作序。

在此期间，桑戈尔1948年发表的《非洲文集》（*Anthologie africaine*）向世人证明了非洲黑人法语诗歌的存在，《文集》向公众推介了达维德·迪奥普、比拉戈·迪奥普（Birago Diop）、盖·蒂罗林（Guy Tirolien）、雅克·拉贝马南贾拉（Jacques Rabemananjara）和拉明·迪亚哈特（Lamine Diakhaté）等诗人，这给人的印象是，"黑人性"思潮钟爱诗歌体裁。但小说文类很快将崭露头角，并占有重要地位……

第一批登场的小说家自然源于欧洲学校的培养，殖民政府强制实施的同化政策是其培养依据，因此，他们身上其实背负着一代人的挫败感，这代人明白，他们不仅要拆除殖民体制，还要破坏殖民事业的基础，第二次世界大战已证实它的荒谬之处。贝宁人保罗·哈祖梅（Paul Hazoumé）的历史小说《多吉西米》（*Doguicimi*, 1938）、刚果人让·马隆加（Jean Malonga）在《姆富莫·马·马卓诺的传奇故事》（*La Légende de M'Pfoumou Ma Mazono*, 1954）与几内亚人贾布里勒·塔姆西尔·尼安（Djibril Tamsir Niane）就马里帝国的创立而写下的《松迪亚塔或曼丁哥史诗》（*Soundjata ou l'épopée mandingue*, 1960）为我们揭示了一个被毁去面容但仍保有尊严的伟大非洲。

在这段动荡的时期里，不是所有作品都"介入"了与西方的对抗。一些作品侧重于描绘面对现代性魅力和悲剧的非洲新风尚，或仔细分析祖辈传统的影响，它们与塞内加尔作家乌斯曼·索塞（Ousmane Socé）的奠基之作——1935年出版的作品《卡利姆》（*Karim*），副标题"塞内加尔小说"透露着一股自豪——一脉相承，比如奥林普·贝利–库努姆（Olympe Bhêly-Quenum）的《无尽的陷阱》（*Un piège sans fin*, 1960），或马里人塞杜·巴迪安（Seydou Badian）的《风暴之下》（*Sous l'orage*, 1957）。

在这段时期（1935年至1960年）的所有主题当中，殖民化成为核心问题，它甚至指引着作家们的创作。比如在《克林比埃》（*Climbié*, 1956）中，贝尔纳·达迪耶从法语的角度切入文化适应的问题，法语学习的过程往往伴随着最具羞辱性的惩罚。作品流露出与孟德斯鸠的《波斯人信札》相仿的讽刺意味，达迪耶奚落道："该如何惩罚那些人呢？

他们在轻率地玩弄一门和法语一样丰富、流畅且巧妙的语言。"

喀麦隆人斐迪南·奥约诺（Ferdinand Oyono）则在《老黑人与奖章》（*Le Vieux Nègre et la médaille*，1956）中抨击法国的忘恩负义。小说中的本地人把一切都献给了法国——土地和赴欧洲参战的人——在滑稽且悲惨的境遇中，仅仅得到了一枚奖章作为回报。无独有偶，桑戈尔在诗集《黑色的祭品》（*Hosties noires*, 1948）的开篇一边向塞内加尔步兵团致敬，一边呐喊：

你们不是身无长物、无所作为的可怜人
我要把法国所有墙上的"巴娜尼亚"的微笑都撕碎

1956年，奥约诺在《家童的一生》（*Une vie de boy*）中探讨殖民者与被殖民者的关系，其特点在于一方的统治及另一方的迷恋之间的相互作用。

塞内加尔作家塞姆班·乌斯曼（Sembène Ousmane）享有"非洲左拉"之誉——也许是因为其作品的自然主义风格及小说《神的儿女》（*Les Bouts de bois de Dieu*, 1960）与《萌芽》（*Germinal*）之间的亲缘关系——《神的儿女》

以1947年至1948年达喀尔—尼日尔段铁路工人罢工为原型，描绘了殖民统治下从传统酋长的腐败到警察的残暴的种种异化现象，此外，小说还刻画了参与长距离抗议游行的罢工者的妻子们的勇气。

喀麦隆人蒙戈·贝蒂（Mongo Beti）——笔名埃扎·博托（Eza Boto）——较之同代人文风最为毒辣。他在《非洲存在》杂志上[21]发表了一篇论战性质的文章——《黑非洲，粉红文学》（L'Afrique noire, littérature rose, 1955）。[*]贝蒂向非洲作家倡议一种彻底的介入，比如他在《残酷之城》（Ville cruelle, 1956）中将矛头指向殖民者与若干当地人的共谋，及其在开发喀麦隆资源时的滥用行为，或者在《邦巴的可怜基督》（Le Pauvre Christ de Bomba, 1956）中对强制实施的福音教育提出的真正指控。

塞内加尔人谢赫·阿米杜·卡纳（Cheikh Hamidou Kane）在《模棱两可的冒险》（L'Aventure ambiguë, 1961）中聚焦被殖民者在源文化，即来自迪亚洛贝人居住的村庄（pays des Diallobé）的文化、《古兰经》学校文化和法国学

---

[*] 蒙戈·贝蒂在文章中指出：“在我们的认识里，受黑非洲启发且用法语写成的高质量文学作品几乎是不存在的。”在作家看来，非洲小说家只是一味迎合外界对生动表达的期待，却没有实践一种现实主义的介入文学。因此，有关非洲的文学叙事被贝蒂划入亚文学的范畴中，是一种“粉红文学”。

校文化间的撕裂命运，小说人物"大女王"*曾说过，法国学校教人"如何在不占理的情况下胜出"。

攻击的角度大同小异：卡马拉·莱耶在小说《黑孩子》（*L'Enfant noir*, 1954）中召唤了一个"深远的""祖辈的""传统的"非洲。当时，对这部小说的评价褒贬不一，存在明显分歧。《黑孩子》是一部自传体叙事作品，它以平和的语调讲述了作者的童年与传统。《黑孩子》甚至在英语世界也掀起了波澜：尼日利亚人钦努阿·阿契贝认为《黑孩子》过于"甜腻"，而素有法语"检察官"威名的蒙戈·贝蒂则写道：

> 莱耶在小说《黑孩子》中顽固地闭上双眼，对最为关键的现实视而不见。难道这个几内亚人除了一个和平、美丽、母性的非洲外什么也没看见吗？难道莱耶一次也没见过法国殖民当局的暴行？这可能吗？

蒙戈·贝蒂和卡马拉·莱耶的分歧其实反映出寻觅自

---

* "大女王（la Grande Royale）是迪亚洛贝人酋长的姐姐。人们说，她比她弟弟强，她才是让迪亚洛贝人恐惧的人。"——《模棱两可的冒险》

我的后殖民非洲文学内部的一条鸿沟。贝蒂"思考"文学，并赋予文学以明确功能：将非洲人民从殖民统治的枷锁中解放出来。莱耶则相反，他"经历"文学，并视文学为一种理解个人和家庭的手段，因此，他培养感情，同时拒绝把他的"自我"与集体、抽象或说教的特质挂钩。

以上是独立后的非洲文学的两条路径，它们会根据阶段的变化产生变体：一方面，是"新黑人性"，它往往被混淆在一种以身份为特征的、缺乏灵活性的非洲主义中；另一方面，是一种对自由的需要，它使作家从介入的枷锁中解放，原因在于，作家若被介入的枷锁困住，则无法使用第一人称表达自我，也无法追随艺术的奇思妙想，拥抱多元的创作主题。

独立主题与自由文风的结合体现在最具代表性的两部非洲文学作品中，分别是马里作家扬博·乌洛格所著的《暴力的责任》（1968）和科特迪瓦作家阿马杜·库鲁玛（Ahmadou Kourouma）所著的《独立的太阳》（*Les Soleils des indépendances*）。此外，乌洛格和库鲁玛还是最早获得勒诺多文学奖的两位非洲作家。

在《暴力的责任》中，扬博·乌洛格打破了为黑人文明赋值的铁律，回顾了阿拉伯人对非洲的奴役，及欧洲人到来以前"非洲名流"对当地人的殖民，这使黑人性运动的支持者们备受打击。

他在序言中写道：

> 黑人的命运就是在煎熬中接受洗礼：先是非洲名流的殖民主义，后是阿拉伯人的征服……白人又继续玩起非洲名流的把戏……

在《独立的太阳》中，阿马杜·库鲁玛通过塑造法玛（Fama）一角——一位马林凯王子，他感伤于自己血统的高贵，又必须直面崭新的生活方式及单一政党的到来，将新旧非洲融合成一个整体。

上述两部小说开启了一段幻灭期：非洲独立并未迎来预想的阳光；恰恰相反，黑人独裁者取代了白人殖民者。20世纪70年代末至80年代初，大批作家陷入一种"非洲悲观主义"，如穆罕默德·阿利乌姆·方图雷（Mohamed Alioum Fantouré）的《热带圆环》（*Le Cercle des tropiques*, 1972）、索尼·拉布·坦西（Sony Labou Tansi）的《一条半的命》（*La Vie et demie*, 1979）、蒂埃诺·莫内姆博（Tierno Monénembo）的《丛林蟾蜍》（*Les Crapauds-Brousse*,

1979）、威廉斯·萨辛（Williams Sassine）的《年轻的沙人》（*Le Jeune Homme de sable*, 1979）及亨利·洛佩斯（Henri Lopes）的《喜忧参半》（*Le Pleurer-Rire*, 1982）。

与此同时，20世纪70年代成为女性进入文学领域的见证。马里人阿乌阿·凯塔（Aoua Keïta）的《非洲女人》（*Femme d'Afrique*）回溯了作家本人身为助产士和活动家的亲身经历，此外，凯塔的活动家身份并不被殖民政府和急于维护自身利益的同村"长老"看好。1978年，塞内加尔女作家阿瓦·蒂亚姆（Awa Thiam）的《黑女人的声音》（*La Parole aux négresses*）出版，该书由法国女权主义活动家伯努瓦特·格鲁尔（Benoîte Groult）作序，它巩固了早期女性作品的"见证"性质，记录着那些曾经遭受过身体上或精神上的不公与侮辱的女性的真实声音。

最为横空出世的两位女作家分别是来自塞内加尔的玛丽亚玛·芭与阿密娜达·索·法勒（Aminata Sow Fall）。前者在"书信体小说"《一封如此长的信》（*Une si longue lettre*, 1979）中，借遗孀之口讲述了多妻制下已婚女性的生存状况。

阿密娜达·索·法勒是我眼中最伟大的非洲女性小说家，我曾在散文集《世界是我的语言》（*Le Monde est mon*

langage）中为其专辟一章。[22]她在1976年出版第一部小说《还魂者》(*Le Revenant*)。索·法勒的写作独具特色，文采斐然，与同时期女作家笔下常见的女性状况、割礼、一夫多妻制、嫁妆或不育等主题大不相同。比起女权主义者或过度说教的角色，她更倾向于塑造"公民叙述者"(citoyen narrateur)的人物形象。她最负盛名的小说《乞丐罢乞》(*La Grève des bàttu*, 1979)在某种程度上可以理解为对总统诗人桑戈尔相关政策的指控，尽管作者常常予以否认——20世纪70年代，桑戈尔曾以"国家的良好形象"为名下令围捕达喀尔街头的乞丐。

接下来的新一代女作家则以塞内加尔人肯·布古尔(Ken Bugul)及喀麦隆人卡利克斯特·贝亚拉(Calixthe Beyala)为代表。如果说肯·布古尔处在被殖民者的异化主题和大陆风俗习惯的现实主题之间的话——比如《里万或沙路》(*Riwan ou le chemin de sable*)中的女性叙述者在欧洲短暂停留后重返故里，她选择一边摆脱文化适应的影响，一边拥抱故乡的传统，那么，卡利克斯特·贝亚拉则转向了一种移民文学，原因在于，现如今定居法国的作家也就是曾经流行于20世纪80年代末和整个90年代的作家，他们也都曾参与非洲人的移民潮。非洲人远离了自己的大陆，却不得不面对世界的流言和新的不公正，这与他身为移民的境况有关。其中，贝索拉（Bessora）、法图·迪奥姆（Fatou Diome）、丹尼尔·比亚乌拉（Daniel Biyaoula）、J. R. 埃松巴（J. R. Essomba）都是这一趋势的代表，他们发展出一种观察文学，与其家乡相对的移民地成为文学叙事的着眼点，雅克·谢弗里耶（Jacques Chevrier）后将其正式命名为"移民"（migritude）文学。

进入21世纪，非洲文学继续延续这股迁移潮，其内部也变得更加分裂。由此，散居世界各地的非洲人创造出不同的"复数的非洲"，也尝试着不同的冒险，这也许有助于提升黑非洲的文化价值。他们意识到，鸟儿不飞离它出生的大树，便永远无法理解迁徙鸟儿的歌声。

怎么才能在步入全球化的同时不因为一盘扁豆*而丧失自己的灵魂呢？这正是非洲法语文学当前面临的一个大问题。多米尼克·托马斯（Dominic Thomas）在《黝黑的人》（*Noirs d'encre*）中提醒我们，是时候让法国明白，这些操着莫里哀和库鲁马的语言谈论世界的黑人流散者才是法国向世界开放的关键所在，他们就处在世界的现代性的核心

---

* 在《圣经》故事中，雅各和以扫是一对双胞胎。雅各趁着兄弟饥饿而乘机用一盘扁豆换取以扫长子的名分，并得到原本属于长子的权利。

位置。[23]

我属于那一代人，那一代质疑的人，那一代身不由己地继承殖民分裂的遗产的人，那一代背负污点的人——非洲站在所有文化的对立面。污点的玻璃碎片充满着文字间的空隙，因为过去在不断涌现，几位政治家不适时地将其重新唤起，某天他们断言，"非洲人没有充分进入历史"，有一天他们还表示，法国是"一个犹太-基督教的白人国家"，他们巧妙地忽视了法国的伟大也有这些"黑色污点"的功劳，我们非洲人也从来没有梦想过被殖民，或者在我们熟悉的国家和文化里变成异乡人。尽管别人不请自来，但我们仍在布拉柴维尔接待了他们，当时的法国已被纳粹占领。

我与多哥人科西·埃弗伊（Kossi Efoui）、吉布提人阿卜杜拉曼·瓦贝里、瑞士加蓬人贝索拉（Bessora）、马达加斯加人让-吕克·拉哈里马纳纳（Jean-Luc Raharimanana）、喀麦隆人加斯东-保罗·埃法（Gaston-Paul Effa）及帕特里斯·恩加南（Patrice Nganang）是同代人。

我与塞尔日·琼库尔（Serge Joncour）、维吉妮·德斯彭特（Virginie Despentes）、马蒂亚斯·埃纳（Mathias Enard）、大卫·范·雷布拉克（David Van Reybrouck）——

《刚果，一段历史》(Congo, une histoire)、玛丽·恩迪亚耶（Marie NDiaye）——《三位折不断的女人》(*Trois femmes puissantes*)、洛朗·高德（Laurent Gaudé）——《宗戈王之死》(*La Mort du roi Tsongor*)、玛丽·达里厄塞克（Marie Darrieussecq）——《必须非常爱人》(*Il faut beaucoup aimer les hommes*)、亚历山大·詹尼（Alexis Jenni）——《法国战争艺术》(*L'Art français de la guerre*)等作家也是同代人，我们坚持打破壁垒，拒绝想象的"部门化"（départementalisation），因为作家们意识到，我们的救赎寓于写作，而非一种人为的，由肤色或原籍国温度界定的兄弟关系当中。

法兰西公学院院长先生，

各位教授们：

在你们委派于我的年度教席上，我将以自由创作者的身份开启我的旅程，在每一处站台思考非洲文学创作的表达场所、批评性接受及当前的发展方向。

我还将着重强调非洲思想的历险——如今人们称其为"黑人思想"，并突出历史（过去或当代）的地位及非洲作家面临恐惧时的态度——我尤其想到卢旺达种族大屠杀或各式各样的内战，它们催生了一类让人瑟瑟发抖的小人物：儿童兵。在此后的课程中，我还将援引历史学家、作家或哲学家的话语，他们的在场有助于阐明非洲研究的丰富内涵，这项研究在英语国家的大学，尤其在美国大学，自此成为一门独立的学科。

我将于5月2日在此组织研讨会[24]，届时将会有众多知识分子和诸多当代思想家受邀到场，这场研讨会旨在呼唤法国非洲研究的到来，不是在一两所边缘化的大学，也不是在一两处缺乏资金支持的系里，而是在一个整体中出现，这样的非洲研究才有意义，它可以帮助我们理解法国，尤其是当代的法国——这样的非洲研究会在法国每一个传播知识的空间中出现。

我意识到这项事业会一直让我们翻阅我们共同的过去，虽然以当下的眼光判断好几个世纪前的事件本就不易，也无法对道德与善恶二元论的诱惑置之不理，但我们将摒弃复仇之心，避免一味归罪于一方或假设另一方的清白。

感谢大家。

第二课
什么是黑人性？

2016 年 3 月 29 日

在我的就职演讲中，有一个词不断跃出纸面：黑人性。当谈及非洲法语文学时，这是一个无法回避的词，是一条必经之路。黑人性签署了黑人文学的出生公证书，它是法语世界的非洲黑人取得话语权的里程碑，尤其在 20 世纪 30 年代，它挑战了法国的同化政策，该政策没有为被殖民者的表述留下任何空间。

话语权的取得充满艰辛，是漫长进程的发展结果，我无意溯源至玛士撒拉*，而将在此回顾"黑人性"思潮的两大起源：一是 20 世纪初期，即 1918—1928 年，来自美国

---

* 活到 969 岁的玛士撒拉（Mathusalem）是《圣经》中最长寿的老人，他的名字也因此成为许多历史悠久之物的代名词。

黑人社会的推力；二是1928—1932年，第一个黑人共和国——海地——的巨大贡献。好比海地先于巴黎接棒过非裔美国人的文化热潮，这股潮流最终于20世纪30年代传到拉丁区，在这里，利奥波德·塞达尔·桑戈尔、艾梅·塞泽尔及莱昂-贡特朗·达马斯三名巴黎学人的相遇可谓功不可没。但若只将这三位来自塞内加尔、马提尼克及圭亚那的黑人视为黑人性的鼻祖，那就意味着其他人物被不公正地贬为背景，尤其是对解放及黑人性的传播贡献良多的女性，对此我们将在下文做进一步介绍。在结尾处，还有必要对针对黑人性提出的几种批评意见做出回顾。

/ 美国黑人社会与哈莱姆文艺复兴 /

第一次世界大战后，非裔美国作家威廉·爱德华·伯格哈特·杜波依斯（W. E. B. Du Bois）成为黑人世界最富影响力的人物之一。杜波依斯出生于1868年，受教于一所黑人大学，后求学于久负盛名的哈佛大学和柏林大学，比肩白人精英，确是意气风发正当时。杜波依斯学术造诣深厚：在博士学位论文中探讨了美国黑奴贸易的废除问题，并撰写了有史以来第一部以美国黑人社区为研究对象的论著——《费城黑人》（*The Philadelphia Negro*, 1899）。散文集《黑人的灵魂》（*Les Âmes du peuple noir*, 1903）[1]一经面世旋即风靡非洲和美国黑人社会。

杜波依斯原本可以摒弃原生的生命形态，走进白人知识分子的群体内部，只需扮演好"识字的黑佬"一角，便能享受夹道欢迎的待遇。但杜波依斯深深关切着与他相同肤色的同胞们的生存境况及未来命运，非洲大陆——文艺复兴的起源和身份重构的原乡——永远是他心中难以割舍的牵绊。被誉为"黑人意识"之父的杜波依斯在《黑人的灵魂》中书写着回归故里的执念，他用充满深情的声音呼唤着那片祛蔽启蒙的神妙大陆：

> 那里满盛着热切的、向死的伟大心灵，灼热的生活啊，簇拥着升腾的火焰。我们出生于斯，背负着扭曲的灵魂，在黑人的世界里闪耀一生。

泛非主义也活跃在这一时期，为非洲独立运动的拥护者们提供了诸多启示。该思潮由牙买加裔美国黑人活动家马库斯·加维（Marcus Garvey）发起，鼓动所有黑人回到非洲，并鼓励非洲人和非裔之间加强团结协作。在许多人看来，这似乎是空泛且不切实际的妄想。杜波依斯则提出另一种现实主义的主张——呼吁在美黑人大团结，以区别于马库斯·加维——"回到非洲"运动的领袖——号召返回非洲，并力求维护黑人民族自决的倡议。相较而言，杜波依斯则意在先使非洲人民摆脱殖民桎梏，让自由的人们生活在自由的土地上。他的思想得到广泛传播，影响了包括加纳人夸梅·恩克努玛（Kwamé Nkrumah）、肯尼亚人乔莫·肯雅塔（Jomo Kenyatta）、塞内加尔人布莱兹·迪亚涅（Blaise Diagne）及特立尼达和多巴哥人乔治·帕德莫尔（George Padmore）在内的诸多非洲解放运动的代表人物。

1951年，美国政府因杜波依斯的亲苏态度直斥对方为苏联卧底，杜氏为此加入共产党，并在放弃美国公民身份后定居加纳，1963年于加纳逝世。他安息在黑人的世界，"那里满盛着热切的、向死的伟大心灵"。

他全部的信念尽数彰显在下述引自《黑人的灵魂》的诗行里：

> 我是黑人，我以此为荣；我为流淌在血管里的黑色血液自豪。

涌动在诗句中的力量推动着美国黑人文艺复兴运动诞生，史称"哈莱姆文艺复兴"。

恰逢《黑人的灵魂》出版十年之期，纽约市哈莱姆区爆发了哈莱姆文艺复兴运动，主要发起者包括詹姆斯·韦尔登·约翰逊（James Weldon Johnson, 1871—1938）、兰斯顿·休斯（Langston Hughes, 1902—1967）、克劳德·麦凯（Claude McKay, 1860—1947）、康蒂·卡伦（Countee Cullen, 1903—1946）、斯特林·布朗（Sterling Brown, 1901—1989）以及让·图默（Jean Toomer, 1894—1967）等人在内，他们坚定地与当时主导美国文学界的浪漫派划清界限，不遗余力地弘扬非洲文化遗产，意在唤醒黑人的种族自豪感，这在《宣言》中可以一目了然：

我们是新一代黑人的缔造者，我们想摒弃羞耻与恐惧，大声表达我们的个性。若能讨得白人的欢心，我们会非常高兴。如若不能，我们也不在乎。我们知晓自己的美丽和丑陋。达姆达姆鼓在哭，达姆达姆鼓在笑。若能讨得不同肤色人的欢心，我们亦会非常高兴。如若不能，我们也不在乎。我们为明日而兴建我们的庙宇，坚固的庙宇啊，我们知道该如何建造，站在高山之巅的我们，何其自由。[2]

哈莱姆文艺复兴发展了现实主义文学的创作手法，赓续着杜波依斯的精神理念，致力于揭露在美黑人遭受的不公正待遇。面对某些黑人领袖屈从现实的态度，显示出一种宁折不弯的决绝姿态。教师、作家和活动家华盛顿·T.布克（Washington T. Booker, 1856—1915）因赞成缔结《亚特兰大种族和解声明》而被视为南部白人当权派的盟友。该协议不仅默许黑人容忍种族隔离政策，而且不准黑人再要求投票权和工会代表。这充满屈服意味的"妥协"遭到了"黑人意识之父"杜波依斯、哈莱姆文艺复兴的关键人物及民权活动家们的反对，波士顿颇有影响力的新闻工作者和房地产经纪人威廉·门罗·特罗特（William Monroe Trotter, 1872—1934）在其创办的独立非裔美国人报纸《波士顿卫报》（*Boston Guardian*）上也表达了反对意见。

法国是诸多美国黑人知识分子心目中理想的流亡地。米歇尔·法布尔（Michel Fabre）在《黑岸》中介绍道：

1830年，新奥尔良城富裕的克里奥尔人远赴巴黎求学工作，法国从此成为美国黑人心中的自由之地。

第一次世界大战之际，他们携着爵士乐和行李踏上战场，传递着历久弥坚的文化符号。流亡国外的人们群集在拉丁区的咖啡馆里，围坐在理查德·赖特、切斯特·海姆斯（Chester Himes）和威廉·加德纳·史密斯（William Gardner Smith）身旁，詹姆斯·鲍德温当时仍在巴黎的美丽城为自我身份而踌躇不定。[3]

美国黑人社会即将与巴黎城的非洲现实交相碰撞，在法非裔将在非裔美国文化运动的滋养下见证自我意识的复苏，他们不再是一群艾梅·塞泽尔1939年在《意愿》杂志上发表的《返乡笔记》中所描写的"漠然的看客"，我们将在之后的课程里继续探讨。

/ 海地，第一个黑人共和国 /

安的列斯群岛，尤其是马提尼克和瓜德罗普，更趋向于法国古典文学传统，尽管马提尼克诗人埃马纽埃尔-弗拉维亚·莱奥波德（Emmanuel-Flavia Léopold）早在1925年就已译介了哈莱姆文艺复兴时期的两位主要人物兰斯顿·休斯和克劳德·麦凯的诗作。

如此一来，海地便显得格外与众不同。圣多明戈*原本是一块富庶的法国殖民地，1804年独立后，成为塞泽尔在《返乡笔记》里记叙的"黑人性第一次站起来"的地方。自1791年起，前奴隶杜桑·卢维杜尔（Toussaint Louverture）开始在圣多明戈领导海地革命，他身上的英雄气概直至今日仍被视为黑人世界最璀璨夺目的一抹色彩，这场革命也标志着人类历史上如此大规模的奴隶起义的首次胜利，在迫使"奴隶主"撤退的同时，还推动着国家的诞生。杜桑·卢维杜尔、让-雅克·德萨林（Jean-Jacques Dessalines）及克里斯托夫国王（le roi Christophe）陆续统治着这个国家。随后，权力再次被前殖民者间接接管，他们与黑白混血的小资产阶级勾结——后者更易被同化，也更想通过一切手段保护自己的利益。

1915年，美国人对海地的占领促使知识分子开始重视自身的传统，颂扬当地的民俗、神话与景观，以及他们的非洲之根，并从此开启一场重要的文化革命。周期性刊物趁势蓬勃发展，展现着海地文学创作的无限活力：《圆舞曲》（*La Ronde*, 1895）、《海地青年联盟杂志》（*La Revue de la ligue de jeunesse haïtienne*, 1916）、《新圆舞曲》（*La*

---

* 法属圣多明戈在独立后更名为海地。

Nouvelle Ronde, 1925）、《本地杂志》（*Revue indigène*, 1927）、
《格里奥》（*Les Griots*, 1938）……

海地裔法兰西院士达尼·拉费里埃（Dany Laferrière）
对该时期的思想状况做了如下解读：

> 那是一种真正的"黑人性"文学。简言之，是一
> 种初具雏形的黑人性……他们不是武士，而是用笔写
> 作的文士，他们与独立派站在同一阵线，为他们的领
> 袖起草议程及公告，比如布瓦斯隆·托内尔（Boisrond
> Tonnerre）、茹斯特·昌莱特（Juste Chanlate）……他
> 们是被在全国各地奔走的独立队总司令德萨林招募过
> 去的。[4]

历史学家、剧作家兼小说家亨诺克·特鲁伊洛
（Henock Trouillot）写道："布瓦斯隆·托内尔（Boisrond
Tonnerre）曾发出感叹：'要敢于成人！'他深知自己属于
一个受鄙夷的种族。因而，必须在作品中为种族辩护。在
安特诺尔·菲尔曼（Anténor Firmin）1885年发表《论人
类种族的平等》（*De l'Égalité des races humaines*）及普利
斯-马尔斯（Price-Mars）写作《叔叔如是说》（*Ainsi parla*

l'Oncle, 1928）前，已有相关作品面世，如茹斯特·昌莱特的文本及瓦斯特男爵（Baron de Vastey）的历史评述。尽管这些作品未必称得上一流文章，其中也不乏笨拙的笔法、浅薄的思想或不高明的论述，但总体上是瑕不掩瑜。"[5]

正如普利斯-马尔斯所言，重返发源地可能才是海地黑人性的出发点之一。

只有不拒斥任何来自先辈的遗产，我们才有机会成为自己。好吧！这份遗产对于大多数人而言都是一份来自非洲的礼物。[6]

/ 巴黎的黑人性 /

在20世纪30年代的巴黎，黑人性起初只是一个诗歌流派。原因在于推动"黑人性"思潮发展的人——利奥波德·塞达尔·桑戈尔、艾梅·塞泽尔与莱昂-贡特朗·达马斯——首先都是诗人，而诗歌似乎是最直接、最恰当的体裁。这一导向可能会掩盖以下事实：黑人性首先是一种冲动，它旨在联合文学、文化及政治领域的所有黑人知识分子，从而加速推动非洲大陆的去殖民化进程。学者凯瑟琳·恩迪亚耶（Catherine Ndiaye）明确指出，问题在于"反抗欧洲中心主义与种族主义意识形态对非洲价值观念的否定，及白人为合理化奴隶贸易、奴隶制以及殖民统治而发展出的一种古老而具体的反黑人种族主义"[7]。

因此，黑人性表现为一场反抗文化同化的斗争，及一件解放并重塑黑人思想的"神奇"武器。

20世纪初，尤其是在疯狂年代[*]，如1925年装饰艺术展和1931年殖民博览会，欧洲通过立体主义者的实践一点点了解黑人艺术，又通过爵士乐逐渐发现黑人世界的音乐。若干黑人或欧洲作家创造着事件，例如1921年凭借《霸都亚纳》获得龚古尔文学奖的勒内·马朗或者于同一年出版《非洲文集》的布莱斯·桑德拉尔，文集证实了非洲口述文学与白人原始文明传统间的一种亲缘关系。

一言以蔽之，黑人性在两次世界大战期间得到了广泛传播，其时，经济拮据的桑戈尔、塞泽尔和达马斯发明了其中一个概念，它在八十年后仍具有现实意义。

---

[*] 疯狂年代（les années folles）特指1920年至1931年法国在第一次世界大战后经历的经济、社会、文化和艺术等领域的腾飞岁月，随着1931年大萧条的爆发而结束。

让我们听听看塞泽尔描述的他和桑戈尔相遇的情景：

> 我记得那是巴黎的一个秋日，背景：向上爬伸的圣雅克街和路易大帝中学（lycée Louis-le-Grand）的古朴建筑。近两周前，我刚从故岛来到此地……在这个严酷的、甚至令人生畏的环境里，我感到有点迷失，也觉得有些困惑。然后突然世界像一抹微笑般亮了起来，一个年轻人朝我走来，他是一个非洲人，一个塞内加尔人……他搂着我的肩膀，用他那悠扬的声音对我说："我的兄弟，你从哪里来？"[8]

"你从哪里来？"这个问题具有一种深远的意义，黑人性正是一种阐明自己出身的方式，把自己的出身"喊出来"，以所有必要的能量和骄傲向世界揭示自己的出身。

塞泽尔在《返乡笔记》中解释道：

> 那道声音说，几百年来，欧洲一直在蒙骗我们，抹黑我们
>
> 全是些站不住脚的言论，说什么人类的创造已然

结束

　　说什么我们在世上无事可做

　　说什么我们不过是世界的寄生虫

　　说什么我们只需跟上这个世界

　　但人类的创造才刚刚开始

　　一切的禁令还有待人类去破除

　　没有哪个种族能将美貌、智慧和力量全部垄断

达马斯也在不久后加入这对二人组，正如杰奎琳·索莱尔（Jacqueline Sorel）所描述的那样：

　　出生于法兰西堡的艾梅·塞泽尔比桑戈尔更晚抵达法国本土。他更年轻，更具激情，也更为敏感，他喜欢伟大的史诗。莱昂-贡特朗·达马斯来自圭亚那，他的脾性极为敏感，这使他极富攻击性与战斗力。桑戈尔则表现出思想者的姿态。[9]

20世纪30年代的法国，黑人在《黑人世界杂志》（*La Revue du Monde Noir*, 1931）上各抒己见。这份双语（法语和英语）杂志是利比里亚籍医生萨尤斯（Sajous）在两名

马提尼克人安德里·纳达尔（Andrée Nardal）和波莱特·纳达尔（Paulette Nardal）的协助下共同创办的。遗憾的是，由于缺乏资金，该出版物仅产出六期。另一份由巴黎的安的列斯人创办的杂志《正当防卫》成为《黑人世界杂志》的后继者。相较之下，《正当防卫》的观点更为激进，与政治的联系也更为密切。《正当防卫》仅发行一期内容，因为法国政府曾要挟会中断有关学生的奖学金。时任安的列斯学生协会主席的艾梅·塞泽尔与杂志负责人之间存在意见分歧，这促使他创办《黑人大学生》，他解释道：

> 当时有一份名为《马提尼克大学生》的小型行会报纸，而我呢，则决定将它扩大规模并更名为《黑人大学生》，此举目的明确，为争取到含马提尼克人在内的所有黑人的协作，将其扩展至世界范围……这意味着它已经带有一点黑人性的内涵，后者将取代一种同化主义的意识形态。[10]

可见，《正当防卫》与《黑人大学生》反映着当时黑人大学生的意识形态倾向。两本杂志之间存在差异？1960年，桑戈尔解释道，《黑人大学生》肯定文化的优先性及其首要地位，政治只是文化的一个面向，而《正当防卫》则支持一种先于文化的、激进的政治变革。必须承认的是，《黑人大学生》的优势在于它的宏伟设想，使黑人同胞超越其祖国和地理位置而汇聚一堂。

莱昂-贡特朗·达马斯兴致勃勃地谈道：

我们不再是来自马提尼克、瓜德罗普、圭亚那、非洲、马达加斯加的大学生，而是同一个黑人大学生。象牙塔里的日子结束了！

由此，《黑人大学生》将在阐明黑人性的过程中发挥关键力量，其成员对黑人性的认识也并不一致。塞泽尔界定的黑人性不必然等同于桑戈尔的黑人性，后者更具意识形态色彩，而塞泽尔本人则给出了最打动人心的解释：

显而易见，我所以为的黑人性不可能与桑戈尔的界定完全吻合，我们毕竟是两个不同的个体。桑戈尔来自非洲，他身后是一片大陆、一段历史、一种延续千年的智慧；而我来自安的列斯群岛，是一个被连根拔起、流离失所的人。我不得不更为重视对身份的悲剧性追求。这种追求对桑戈尔而言无疑是多余的，他们早已融为一体，不分彼此。在我身上，存在着一种找寻、一段过程、一份渴望与热盼，是它们赋予了这段经历某种悲怆。换言之，这都是同一思想的不同侧面。我谈及差异：有关性情与人类的差异。但我们也不能忘记那些伟大的相似之处的存在。

/ 被正式化的黑人性 /

1939年8月，我们在《意愿》杂志第二十期的《返乡笔记》里第一次读到"黑人性"一词。这篇带有宣言性质的文本在当时却乏人问津。手稿现今由法国国民议会图书馆保存（参考文献MS 1825 bis），法国作家兼编辑达维德·阿利奥（David Alliot）在机构网站上回顾了这篇奠基性文本的长途跋涉之旅：

那年8月（1939年）的政治背景及艾梅·塞泽尔在同一时期重返马提尼克的现实均未能促进文本的传播。这首诗在第二次世界大战前夕遭遇着普遍的冷遇。最后是超现实主义诗人安德烈·布勒东于1941年在法兰西堡停留间隙偶然"发现"了《返乡笔记》，这才使长诗得以流传后世。在布勒东的推动下，布伦塔诺出版社（Brentano's）于1947年在纽约出版了《返乡笔记》的第一个双语版本，它与1939年的版本之间存在明显的差异。战后，彼时的艾梅·塞泽尔已成为法兰西堡副市长，他的诗作也开始交由巴黎的出版商出版。还是在1947年，《返乡笔记》首次在法国批量出版，由皮埃尔·博尔达斯出版社（Pierre Bordas）负责发行，该版本经作家大幅修订并请安德烈·布勒东作序。但这首长诗还须等待几年才能在文坛留下烙印。1956年，非洲存在出版社推出《返乡笔记》的一个新版本。此后，它还经历过数次改动，直到1983年才推出"最终"版本。[11]

自此，黑人性得以正式、书面地进入诗歌创作领域，它不仅受到超现实主义运动的热捧，还得到安德烈·布勒东的认可，他在为《返乡笔记》所作的序言中表达了对诗人的赞叹。这股思潮感染了当时所有的法国大哲学家，尤其是让-保罗·萨特。他为桑戈尔的《黑人和马尔加什法语新诗选》作序，标题为《黑皮肤的俄耳甫斯》（*Orphée noir*）。萨特给出了自己对黑人性概念的界定：

> 黑人性不是一种状态，也不是一整套成规的有关
> 智性和道德的恶习与美德，它是对世界的某种情感态
> 度……是一种灵魂张力，一种有关自我和他者的抉
> 择，一种超越灵魂原始情状的方式，简言之，它是一
> 项自觉的计划。若借用海德格尔的语言，那么黑人性
> 就是黑人在世界之中存在（l'être-dans-le-monde-du-
> Nègre）。

萨特并没有就此止步，他还为法农的《全世界受苦
的人》（*Les Damnés de la terre*, 1956）及阿尔伯特·梅
米（Albert Memmi）的《被殖民者肖像》（*Portrait du
colonisé*, 1957）作序，它们与桑戈尔的《文集》、萨特所作
的《黑皮肤的俄耳甫斯》并列为"深刻影响后殖民研究发
展的重要文本"[12]。

/ 黑人性，一个不断被重新界定的概念 /

根据塞泽尔的说法，黑人性的诞生基于——或者说归

功于——白人，是白人发明了"黑佬"一词：

> 白人才是黑人性的发明者［……］他们朝我们扔来"黑佬"一词，我们再把它捡起。正如前文所言，这一蔑称被改造为新词的基石。但必须将黑人性构想为一种人文主义。在特殊主义的尽头，我们会抵达普遍性。如果出发点是黑人，那么终点则是全人类。[13]

桑戈尔补充道：

> 我们是20世纪的巴黎黑人大学生，本世纪的现实形势之一是民族意识的觉醒，但另一个更为现实的情况则是各民族与各大陆的独立。为了成为真正的自己，我们必须在20世纪的种种现实中表现出非洲黑人的文化。为了我们的黑人性，我们必须去其糟粕，弃其矫饰，使黑人性融入当代世界的团结运动中。[14]

后来，塞泽尔在接受《世界报》采访时对这场运动的源起做了进一步说明：

"黑佬"一词本身带有侮辱性，但它不是我们的发明。一天，我正准备穿过巴黎的一条街道，离意大利广场不远。一个人开车经过："嘿，小黑佬！"他是一名法国人。于是，我对他说："去你的小黑佬！"第二天，我向桑戈尔建议与达马斯一起合编一份报纸：《黑人大学生》（*L'Étudiant noir*）。利奥波德说："我提议换个名字，叫它《黑佬大学生》（*Les Étudiants nègres*）吧。你明白吗？它像一句辱骂。好，我就把它捡起来，我去面对它。"就这样，黑人性诞生了，作为对挑衅的回应。[15]

1971年4月12日，一届以黑人性为主题的研讨会在达喀尔召开，开幕式上，利奥波德·塞达尔·桑戈尔的发言为我们提供了更多"技术上的"细节：

我可以自由地捍卫这个词，它不是我的发明，尽管大家总是这么误传，而是由艾梅·塞泽尔所发明。首先，是塞泽尔根据最正统的法语规则创造了这个词，他参考的是莫里斯·格勒维斯（Maurice Grevisse）所著《法语语法的正确用法》及斯特拉斯堡大学对后缀-ité（源自拉丁语-itas）和-itude（源自拉丁语-itudo）的两项研究……这两种后缀自晚期拉丁语以来便拥有相同的含义，如今被用于构造从形容词衍生而来的抽象词汇，用以形容情势、状况、质量、缺陷，或表达方式。《小罗贝尔词典》将拉丁性（latinité）定义为"书写或言说拉丁语的方式。拉丁语的特点；拉丁世界，拉丁文明。拉丁性精神"。根据该模式，我们可以将黑人性界定为："黑人的表达方式。黑人的特点。黑人世界，黑人文明。"[……]"黑人性"一词亦可见于拉丁文，普林尼（Pline）笔下的黑人性指涉作为黑人的事实、黑色、黑暗……

桑戈尔注意到普林尼笔下"黑人性"一词的前在，尽管当时它还未具备后来黑人作家赋予它的含义。

罗马作家和自然学家普林尼，又被称为老普林尼（Pline l'Ancien），公元23年出生在意大利北部，公元79年在维苏威火山爆发期间死于庞贝附近，著有百科全书《自然史》（*Histoire naturelle*，约公元77年），他在书中将"黑人性"（nigritudo）解释为"作为黑人的事实、黑暗"。而派生出黑人性的"黑人"（nègre）一词在拉丁文中写作

"niger"，在西班牙文和意大利文中写作"negro"，是一个相当中性的词，但自16世纪起，法语中的"nègre"一词开始带有侮辱性的意味。17—18世纪，在特雷弗（Trévoux）著的《通用和拉丁语词典》（*Dictionnaire universel et latin*，1704—1771）、里什莱（Richelet）著的《法语词汇和事物词典》（*Dictionnaire français concernant les mots et les choses*，1680）及安托万·福雷蒂埃（Antoine Furetière）著的《通用词典：内含所有古老和现代的法语词汇》（*Dictionnaire universel contenant généralement tous les mots français tant vieux que modernes*，1690）中，"nègre"还指涉一种人们在美洲海岸的岩石间捕捉到的鱼，以及"从非洲海岸被带走并贩卖至美洲岛屿的奴隶"……

利奥波德·塞达尔·桑戈尔曾考取语法学教师职衔。这暗示着他曾根据词根仔细观察过上述词汇。在前文提及的1972年的演讲中，他曾明确指出，"黑人性"一词由词根（nègr-）与后缀（-itude）构成，由此诞生了"nègritude"一词。1971—1994年法国语言库（Trésor de la langue française, TLF）的数据显示，由后缀 -itude 构成的名词在19—20世纪十分罕见，同类名词的增多则归功于"黑人性"一词。因此，"以 -itude 为后缀的衍生词均倾向于表达归属于某个族裔的事实及被压迫和异化的状态"。

《法国语言库》列举的六个名词均表现出对某一受压迫的社会群体的归属：黑人性（négritude）、科西嘉性（corsitude）、法国性（francitude）、女性特征（féminitude）、瘦弱性（maigritude）、魁北克性（québécitude）……

以 -itude 为后缀的派生词往往与以 -ité 为后缀的派生词发挥着类似的作用。例如科西嘉性（corsitude 和 corsité），法国性（francitude 和 francité），黑人性（négritude 和 négrité），那么 négritude 和 négrité 之间有何区别？

桑戈尔在 1972 年的演讲中详细阐述了这一对词的区别：

> 我认为，……"黑人性"（négritude）可用于描述"作为黑人的生活方式"，而"黑人性"（négrité）则可用于指涉黑人世界所有价值观的集合……所以，"黑人性"（négritude）即作为黑人的生活方式，而"黑人性"（négrité）则指黑人世界所有价值观的集合。

/ 女性与黑人性 /

1956 年，索邦大学举办的黑人作家和艺术家大会为后世留下了一张传奇照片。当谈论黑人性时，我们无法对这张照片避而不谈。因为参与者的脸上都洋溢着一股自豪感：我们能感受到世界各地的黑人齐聚一堂的景象令他们倍感骄傲，巴勃罗·毕加索甚至还为大会设计了海报！

在这幅大合照中，共有52位男士和……一位女士，她就是海地作家普利斯-马尔斯的妻子。照片上没有出现瓜德罗普人穆恩·德·里维尔（Moune de Rivel, 1918—2014）的身影，她是一位致力于创作克里奥尔语歌曲的伟大女性，是第一位自1945年起就介入政治的法国女艺术家，她继承了其父让·赛莫里安·亨利·让-路易（Jean Symphorien Henri Jean-Louis）——泛非主义者、反殖民主义者和独立主义者——的遗风。与会人员还包括波莱特（Paulette）和珍妮·纳尔达尔（Jeanne Nardal）姐妹俩、克里斯蒂亚娜·杨德·迪奥普（Christiane Yandé Diop）——《非洲存在》杂志和同名出版社的创始人阿利翁·迪奥普的妻子——但她们均未出现在合影中。穆恩·德·里维尔和约瑟芬·贝克（Joséphine Baker）也双双为大会发来贺词。

然而，正如科特迪瓦哲学家塔内拉·博尼（Tanella Boni）所阐明的那样，在认可黑人性的男性谱系思想的作家中，艾梅·塞泽尔便是其中之一。[16]

1987年2月26日，《返乡笔记》的作者在迈阿密佛罗里达国际大学发表了关于黑人性的演说：

> 我承认自己并不是每天都喜欢"黑人性"这个词，虽然它的诞生是我与其他几人合力发明与推动的结果。[17]

在这位马提尼克诗人所列举的"黑人性"一词的发明者中，竟未出现任何一位女性的名字！当他提及先于"非洲黑人性"出现的"美国黑人性"时，他的言辞同样构成了"遗忘"的重要标记：

> 包括兰斯顿·休斯、克劳德·麦凯、康蒂·卡伦、斯特林·布朗等在内的男性，以及理查德·赖特等男性……因为我们知道，或者说，我们铭记着，这里，美国，你们，才是黑人性的诞生地。[18]

波莱特·纳尔达尔是深具"种族意识"的知识分子，而苏珊娜·塞泽尔则捍卫一种超现实主义，以期探索安的列斯群岛特殊的混杂经验。但合影中却未见二人的身影，这可能会令人感到惊讶，毕竟她们曾经手创办两份成果斐然的刊物：波莱特·纳达尔曾参与创办《黑人世界杂志》，而苏珊娜·塞泽尔则在《热带》（*Tropiques*, 1941—1945）杂志发挥着主导作用，她所撰写的大部分作品也均发表在这本刊物之上。

英国人南希·库纳德（Nancy Cunard）的贡献同样不可忽略，当时已定居法国的库纳德于1934年出版了一本黑人作家、诗人和思想家的文集，并配以贴切的标题：《黑人：一部文集》（*Negro: An Anthologie*）。历史，或者说历史逸事，却仅仅将这位作家、无政府主义者和诗人称为海明威、兰斯顿·休斯、康斯坦丁·布兰库西和詹姆斯·乔伊斯的情人……事实上，这部文集将对其本人造成威胁——一如当时黑人大学生创办某些出版物时受到的挟制。

如前文所述，1941年，苏珊娜·鲁西·塞泽尔（Suzanne Roussi Césaire）——1937年嫁给塞泽尔——与丈夫及勒内·梅尼尔（René Ménil）共同创建了《热带》杂志，并在上面发表了她大部分的作品。这份被认为具有反殖民主义和颠覆倾向的杂志遭到了维希政权的查禁。苏珊娜·塞泽尔的几篇重要文章已在此之前刊发，如《利奥·弗罗比纽斯与文明问题》（*Léo Frobenius et le problème des civilisations*）、《诗人安德烈·布勒东》（*André Breton, poète*）以及《大伪装》（*Le Grand Camouflage*）。2009年，瑟伊出版社将女作家所有的异议文章集结成书出版，并命名为《大伪装》。

我们能听到她的呐喊：

> 在这里，诗人感到头晕目眩，他们嗅着峡谷中的新鲜气息，夺取了岛屿的大片土地，他们倾听着环岛的水波，美人蕉、非洲菊、木槿花、九重葛、金凤花上再不见鼓胀的火焰，只有饥饿、恐惧、仇恨、暴力在小山的凹陷处燃烧。加勒比的大火吹散了无声的蒸汽，刺穿了唯一能看透的眼睛。[19]

人们可以在纳尔达尔姐妹和海地人里奥·萨尤斯共同创办的《黑人世界杂志》里发现美国黑人民权活动家克拉拉·谢泼德（Clara Shephard）的精神。其中，波莱特·纳尔达尔的表现最为突出，她参与了黑人性的孕育过程。

她来自马提尼克，是岛上首位黑人工程师保罗·纳尔达尔（Paul Nardal）的女儿。成为教师后，24岁的她离开马提尼克前往法国本土学习文学，是第一位在索邦大学学习的黑人女性！人们能在黑人舞会上睹见其倩影。她位于克拉马特（Clamart）的家是一个名副其实的文学沙龙，招待着散居各地的黑人精英：桑戈尔、塞泽尔、达马斯、普利斯-马尔斯、勒内·马朗，还有美国人克劳德·麦凯，他为沙龙增添了一股非裔美国人的创作氛围。

纳尔达尔针对"黑人性官方叙事"中忽视女性的现象做出了如下论断：

> 塞泽尔和桑戈尔从我们手中接过那些我们曾为之摇旗呐喊的思想，并赋予它们更为炫丽的表达，我们只不过是女人！我们为男人开辟了道路。[20]

她说得没错，正是通过这份《黑人世界杂志》，塞泽尔和诸多散居各地的黑人才得以对美国黑人诗人有所了解，如克劳德·麦凯、艾伦·洛克（Alan Locke）、兰斯顿·休斯。还是在同一本杂志上，他们读到了德国民族学家兼考古学家利奥·弗罗贝纽斯的思想。1936年，弗罗贝纽斯在伽利玛出版社出版了一本有关非洲大陆的奠基之作——《非洲文明史》（L'Histoire de la civilisation africaine），它将对黑人性运动的创立产生深远影响。

还有不少女性也深刻影响着黑人性运动的发展。例如前文提及的克里斯蒂亚娜·杨德·迪奥普。不论是她丈夫阿利翁·迪奥普于1947年创办的《非洲存在》杂志，还是两年后成立的同名出版社，克里斯蒂亚娜·杨德·迪奥普均在幕后起着关键作用，甚至称其为"经纪人"也不为过。借此机会，她也积极参与了1956年第一届黑人作家和艺术家大会的筹备工作。

1972年，一场研讨会在阿比让（Abidjan）举行，会议尝试缓解女性声音所遭受的不公平待遇。在米谢勒·达切尔（Michèle Dacher）看来，这场以"非洲口述传统中的女性文明"为题的研讨会"并未就其主题进行任何新颖的讨论：会议论文一篇接一篇地重复着对传统社会的看法，却并未提供准确的信息，亦缺乏科学的分析。相反，它们揭示了一种意识形态，即关于非洲资产阶级女性在过去和当前的社会中所扮角色的意识形态……在这场充满欢乐气息的音乐会中，仅有少数声音谴责对女性的剥削，出人意料的是，这些谴责之声均来自在场的男性，比如科特迪瓦人类学家哈里斯·梅梅尔-福特（Harris Memel-Fôté）与社会学家兼人类学家罗杰·巴斯特德（Roger Bastide），后者为会议贡献了唯一可称之为科学的分析：黑人性在美国的演变。他指出，对于黑人女性而言，这一意识形态早已成为一种实践，即一种抵抗男性压迫的有效工具"[21]。

/ 受到抨击的黑人性：索因卡、鲍德温、阿多特维…… /

英语世界的多名知识分子常常表示他们对黑人性的深层心理根源缺乏了解。在他们看来，"黑人性"运动首先是作为一种"法国殖民同化统治下的非洲所特有的"运动出现的。生于1934年并于1986年获得诺贝尔奖的尼日利亚作家沃莱·索因卡（Wole Soyinka）曾戏谑道："老虎不会大张旗鼓地宣扬它的虎性，它只会露出爪子，扑向猎物。"[22]

定居美国的马里作家兼文学教授曼蒂亚·迪亚瓦拉（Manthia Diawara）也从不掩饰自己的保留意见，他认为，将"白人"视为共同的"对手"并不意味着一种共同文化的基础。

詹姆斯·鲍德温对黑人性的看法也有所保留。在《给吉米的一封信》（*Lettre à Jimmy*, 2007)中，我曾提及这名非裔美国作家，他被美国杂志《证据》（*Preuves*）和《文汇》（*Encounter*）派去报道1956年的大会，却断定那是一次让人灰心丧气的经历。他认为，大会加剧了非洲和美国黑人创作者之间的误解，黑人性的代表们与现实脱节，他们使用殖民者的语言表达自我，处理问题的方法也失之偏颇，仍把自己局限在法国式的思维当中。黑人性还只是一个模糊的空洞概念，难怪鲍德温没有在其中认出自己。

甚至当桑戈尔对非裔美国人理查德·赖特的自传体小说《黑小子》（*Black Boy*）大加赞赏时，鲍德温却认为这位塞内加尔诗人对非洲人及其美国兄弟姐妹之间的误会程度缺乏真正的了解。在阅读《黑小子》时，桑戈尔着意强调——也许太过强调——赖特对非洲文化的传承。但赖特却以一本**美国自传**突出了作者**个人经历**的重要性。鲍德温指出，非洲人参与了一场智力政变，企图将美国黑人的个人经历纳入"黑人性"概念之中。此后，《乔万尼的房间》（*La Chambre de Giovannie*）的作者对黑人性的批判愈加严厉，大会结束后，他向历史学家哈罗德·艾萨克斯（Harold Isaacs）大吐苦水，并特别谈及桑戈尔：

他们憎恨美国，讲了一大堆种族故事，什么都跟种族牵连在一块。从政治上讲，他们几乎对此一无所知。每当我遇见一名非洲人，双方都会陷入一种尴尬的局面。我们的生活境况截然相反，以至于几乎需要在字典的帮助下才能理解对方。[23]

若站在法国知识分子的立场，萨特对黑人性的看法也不能幸免于批评，凯瑟琳·吉塞尔（Kathleen Gyssels）驳斥道：

> 萨特在阅读黑人性后做出如下推断，我们只会因自己的白人性而感到羞愧。然而，这并不完全是桑戈尔的意图所在，他的爱情诗篇也向欧洲人呈现了非洲魅力。萨特的系统性倒置在如今是不可接受的，当今时代的杂糅与根茎式思维更倾向于区分细微的差别，而非对立的二分法思维。[24]

在《黑人性与黑人学家》（*Négritude et Négrologues*）中，贝宁哲学家斯坦尼斯拉斯·斯佩罗·阿多特维（Stanislas Spero Adotevi）对黑人性提出了激烈抗议，通过对塞泽尔与桑戈尔传奇式巴黎会面的讽刺描写，他挪揄道：

> 还是在巴黎，在同一时间，在两片水域之间，在一

切之中，有一小群来自非洲及安的列斯群岛的大学生和知识分子，他们看上去有些孤立无援，他们就像被注视的黑人和感觉自己被注视的黑人……他们使用了大量的拉丁文，他们不明白大家为何不把他们当作和其他人一样的人。某天，还是在上午快结束的时候，塞泽尔对桑戈尔说："我们必须表明我们的黑人性。"话一出口，黑人性便诞生了。那似乎是发生在索邦广场上！[25]

阿多特维揭露了一种对非洲进行"幻觉化"处理的手段，并指责"黑人性"运动的发起者实际上是前殖民大国的利益代表，他们假借"真实性"与"黑人的灵魂"实现个人目标。

亨利·洛佩斯为这部爆炸性作品的新版本作序，他反思道：

> 我们过于渴求我们的身份，这难道没有导致一些真实有形的噩梦（如大湖区、巴尔干地区、前苏联帝国）吗？除原始身份外（我们必须承担这一身份，以免陷入虚幻世界），我们每个人的身上还存在一个国际身份，它使我们与一张关系网相连。在关系中，我们可以宣布人类的团结。[26]

/ 黑人性是一场过去的运动，抑或是一种对未来的期盼？ /

黑人性应该被视为当今时代的一个多余概念吗？对此，我并不认同。黑人性的精神依然在延续。阿基尔·姆邦贝（Achille Mbembe）在《黑人理性批判》（*Critique de la raison nègre*）中提出将"黑人形象"置于资本主义和新自由主义的旋涡中以重新解读。

黑人性本质上并不是一件黑人之间的、关于黑人的事务，它是一种重新思考人文精神的方式。这正是乍得人尼姆罗德（Nimrod）试图借《利奥波德·塞达尔·桑戈尔之墓》（*Le Tombeau de Léopold Sédar Senghor*, 2003）向我们传达的想法，即超越崇拜的范畴，召唤一种关乎人类友爱的桑戈尔式的紧迫感。

塞莱斯坦·蒙加（Célestin Monga）在《虚无主义与黑人性》（*Nihilisme et Négritude*, 2009)中指出，结构主义与文化主义对非洲的某些看法表现出一种居高临下的家长制作风。如文化主义认为非洲社区已然沉浸在"一种施虐–受虐，且厚颜无耻的氛围中"[27]。

事实上，一切均取决于人们如何界定黑人性的内涵。

如今，这场运动可以带来最好或最坏的结果。最好的结果在于使我们重新思考一种人文主义，它不仅受到桑戈尔哲学小品《自由》（*Libertés*）的启发，还受益于塞泽尔那发自内心的永恒呐喊，而阴影中的女性力量也起到了不容忽视的作用，甚至可以说，法国黑人的历史书写正是通过黑人性完成的。而最坏的结果可能是，黑人性被当作一种抱团的非洲主义及一种绝对的非洲中心主义的工具。人们可能会以诡辩的方式歪曲埃及学家谢赫·安达·迪奥普（Cheikh Anta Diop）在其论文中表达的思想，把不属于他的言论栽赃于他，这将对其进行的古埃及黑人文明研究造成不可挽回的损害，以至于这位颠覆传统的历史学家的作品被我们遗忘了——他的论文答辩在巴黎遭遇失败，其论文《黑人国家和文化》（*Nations nègres et culture*, 1954）后由非洲存在出版社出版——这位不屈不挠的研究者在作品里详尽描述了黑人文化对世界文明做出的贡献。不论肤色或出身，上述研究都提醒着我们一个关键的事实：世界是加法和乘法，而不是减法或除法……

第三课
非洲文学探讨的若干主题

2016年4月5日

第三堂课涉及"黑非洲法语文学的若干主题",意在探讨20世纪初至今,黑人文学的不同走向,或者说总体趋势。我们将阅读(或重读)非洲大陆经典作家的代表作,他们的创作一向反映着非洲历史的坎坷进程:从对前殖民时期的怀旧,经由法国殖民时期的奴役和同化,后承20世纪60年代短暂的独立高潮,到军事政变时期的彻底幻灭与共产主义政权的建立。

非洲之所以是流动的,与其人口的移动有莫大关系,我们也将就移民小说(roman de la migration)展开讨论,换言之,是对流动性(mobilité)的探讨,主要涉及向前殖民宗主国移动的前被殖民者,并就该现象对当前非欧政治造成的前所未有的影响加以解释……

/ 追忆前殖民时代 /

非洲法语文学的早期特征表现为一种阐述历史的愿望，即希望澄清白人到来前的非洲史。作家们认为这段过往理应被揭示，并用其对抗将非洲污名化、荒诞化的欧洲话语：在白人到来前，非洲一无所有，是黑暗、野蛮民族与文明荒地的代名词。在非洲文学先驱们的笔下，各种历史人物浓墨重彩地登场，开启了非洲文学的先河。

贝宁人保罗·哈祖梅（Paul Hazoumé）在《多吉西米》中描绘了阿波美（今处贝宁）盖佐国王（Guézo）在任时期的统治。哈祖梅表示，《多吉西米》可媲美一部"人种学和历史学文献，是作家与达荷美（Dahomey）王国*遗老25年的交往成果"。尽管《多吉西米》主要的故事情节围绕一名忠诚坚贞的妇女的生活展开，其丈夫先在战争中被俘虏，后在异国他乡被杀害，但小说很快被丰富的人种志

---

* 达荷美王国是非洲历史上的一个王国，位于现今西非贝宁共和国，存在时间大致为1600年至1894年。作为达荷美王国的首都，阿波美城也是王宫所在地，经历了十二代皇帝的相继在位。盖佐国王在位期间（1818—1858），达荷美王国臻于鼎盛，奴隶贸易在当时成为王国主要经济来源。

与历史元素充满，比如文中对盖佐国王的宫廷习俗、仪式典礼、传统和神谕下的庆祝活动的细致描画。这些元素在小说中的出现频率非常之高，以至于大学学者德博拉·利夫奇茨（Deborah Lifchitz）曾颇为抱憾地表示，这部作品遗漏了人民的声音。与此同时，利夫奇茨坦言道："从今以后，任何想研究达荷美王国的人都无法绕过这部作品。"[1]此外，保罗·哈祖梅还在文中描述了异教徒与基督教之间的对立关系，他指出，异教徒应对发生在非洲大陆的种种残酷行为负责，相反，作者对基督教却不吝溢美之词。这一偏袒的说法不久将遭到驳斥，肯尼亚独立之父乔莫·肯雅塔（Jomo Kenyatta, 1894—1978）谈道：

> 当白人来到非洲时，我们拥有土地，他们手里拿着《圣经》。白人教我们闭上眼睛祈祷。当我们睁开眼睛时，白人拥有土地，而我们手里拿着《圣经》。

然而必须承认的是，《多吉西米》开创了一种体裁，它使文学文本可以更自如地表现非洲这片大陆：由格里奥*

---

* 格里奥（Griot）是非洲世代相传的诗人、口头文学家、艺术家和琴师的总称。在古代，一部分格里奥在宫廷中担任史官等职务；另一部分格里奥带着乐器周游四方，传播知识。

来口述史诗或历史传说，并将祖辈的言说转换为殖民者的语言，一如刚果人让·马隆加（Jean Malonga）在《姆福莫·马·马佐诺的传说》（*La Légende de M'Pfoumou Ma Mazono*, 1954）中的做法，小说以奴隶制问题为背景，带我们重温了前殖民时代的非洲记忆。

在几内亚人贾布里勒·塔姆西尔·尼安（Djibril Tamsir Niane）所著的《松迪亚塔或曼丁哥史诗》（*Soundjata ou l'épopée mandingue*, 1960）中，作者也对格里奥马马杜·库亚特（Mamadou Kouyaté）的口头话语做了相应调整。在塔姆西尔·尼安的笔下，我们会和松迪亚塔·凯塔*（Soundjata Keita）相遇，这位13世纪的曼丁哥人**（Mandingo）国王将彻底颠覆我们对中世纪非洲的刻板印象。这部史诗恰好印证了一种无知，即对非洲前殖民时期的文明重要性的一无所知，法兰西共和国前总统尼古拉·萨科齐（Nicolas Sarkozy）甚至还发表过这样一番奇谈怪论：

> 非洲的悲剧在于，非洲人没有充分进入历史。几千年来，非洲农民随着季节变化而从事不同的农业活

---

* 松迪亚塔是西非曾经最大的帝国，马里帝国的开创者。
** 曼丁哥人是一个西非民族，主要分布在塞内加尔河、冈比亚河和尼日尔河上流及各支流地区。

动，他们的理想是与大自然和谐共处，他们只道时间是一场周而复始的运动，无尽重复着相同的动作与话语。在他们想象的世界里，一切循环往复，没有给人类留有冒险的空间，也未曾产生过任何进步的观念。大自然控制着一切，包括他们生活的宇宙，当然，他们得以摆脱了困扰现代人的历史苦恼，却身在一种不变的秩序中动弹不得，所有的一切都仿佛冥冥中有注定。他们从未奋身奔向未来，从未想过突破重复，为自己再造另一种命运。非洲的问题，恕我冒昧，正在于此。非洲的挑战也在于此，即如何使自己充分地走进历史。

该如何看待此类言论？它们对与查理曼帝国同时代的加纳帝国（750—1204）的光荣伟业视而不见，哪怕加纳帝国的地域远比查理曼帝国更为广阔。由此，《松迪亚塔或曼丁哥史诗》这部非洲独立时期出版的伟大史诗，可用于澄清并回应此类矛盾话语。塔姆西尔·尼安给我们讲述中世纪中期伟大的马里帝国的创立，而同时期的欧洲还处在混乱状态：衰落的罗马帝国、控制欧洲多地的日耳曼部落——没错，欧洲也有部落和部落主义——更遑论诺曼人入侵、十字军东征、王权加强，及封建制下法英两国的纠纷了。那么，为何只对非洲人做出如下论断呢？"他们从未想过突破重复，为自己再造一种命运……"

这部有关松迪亚塔的史诗不仅影响了非洲人的早期创作，也为后来的作家提供了源源不断的灵感，例如马里人马萨·马坎·迪亚巴特（Massa Makan Diabaté）创作的《卡塔·贾塔》（*Kata Djata*, 1970）和《以弓猎狮》（*Le Lion à l'arc*, 1986）以及卡马拉·莱耶的《口述人》（*Le Maître de la Parole*, 1978）。

如果说非洲人这项转录记忆的事业与法国探索非洲的虚构故事的目的一致，意即让人们了解非洲，那么对记忆的转录同样也需警惕名不副实的风险。正如我在第一堂课中所谈及的那样："法国探险小说将知识作为一种实质性要素，只能以一种可预见的笨拙手段凸显非洲的独特、陌生与神奇。探险小说家也不假思索地进行自由的想象，这令读者难以判断其笔下非洲形象的真伪，毕竟当时前往非洲的旅程十分罕见，也异常危险。"

那么，对于转录记忆的非洲作家而言，他们主要面临的风险是什么呢？恐怕就是对前殖民时期非洲现实的过分美化：非洲被刻画为一片神圣大陆，自古以来从未经历战乱，维系着永久的和平。此外，他们对任何社会的内部纷争都视而不见，更遑论白人到来以前阿拉伯-非洲的奴隶制度了。值得思考的问题在于，除了松迪亚塔这类英雄人物外，非洲早期文学能否刻画出奴役同胞的卑鄙无耻之徒，并客观描写其卑劣言行？

众所周知，小说家扬博·乌洛格在其代表作《暴力的责任》（1968）出版之时迅即沦为大家口诛笔伐的对象。由此观之，上述问题的答案恐怕都是否定的。不论是乌洛格的前辈还是同辈作家，他们关心的仅仅是对白人的审判。为此，他们必须极力避免暴露自身的缺点。那么，扬博·乌洛格的《暴力的责任》难道不正是非洲作家独立的最早例证之一吗？作家对黑人性传达的观念不予苟同，在他看来，黑人性执意为前殖民时期的非洲社会打造一个"完美"的天使形象，人们在这片神话般的大地上过着田园牧歌式的生活，直到被白人的入侵打乱所有步调。

扬博·乌洛格无疑是一位开路先锋，他另辟蹊径，凭借自身的果敢与创造力直斥某些心胸狭隘、厚颜无耻的非洲首领。在小说序言中，作者有力地揭露了阿拉伯人与"非洲名流"对非洲的奴役，及殖民统治在欧洲人到来以前就已存在的事实。

> 黑人的命运就是在煎熬中接受洗礼：先是非洲名
> 流的殖民主义，后是阿拉伯人的征服。［……］白人又
> 继续玩起非洲名流的把戏……

改编史诗的尝试推动着非洲作家以非洲大陆的故事与传说为原型进行创作，从中凸显出一种摆脱欧洲文学束缚的渴望。美中不足的是，非洲文学在西方读者的心目中留下了一个刻板印象：在棕榈树下，有一位长胡子的、牙齿掉光的干瘪老人正缓缓讲述着民间的故事与传说。

塞内加尔人比拉戈·迪奥普的《阿马杜·库姆巴的故事》（*Les Contes d'Amadou Koumba*, 1947）、科特迪瓦人贝尔纳·达迪耶的《黑腰布》（*Le Pagne noir*, 1955）、喀麦隆人本杰明·马蒂普（Benjamin Matip）的《美丽星空下》（*À la belle étoile*, 1962）以及契卡亚·乌·塔姆西的《非洲传说》等作品均成功实现了传统文化遗产的改编与自由的创作想象间的跨越。

马里人阿马杜·昂帕泰·巴的创作别具一格。他毕生致力于收集口述传统的智慧，善用嘲笑的口吻描述殖民时期的故事，这一身讲故事的功力还须归功于作家对非洲口述传统的无限领会。

《旺格兰的奇特命运》(*L'Étrange Destin de Wangrin*, 1973)是该作家最富野心的作品之一，小说讲述了一名非洲翻译在殖民时期巧使诡计致使殖民者利益受损，并在成为大富商后却因缺乏对传统的尊重而落得倾家荡产的故事。

/ 殖民时期的社会图景 /

正如上一课所指出的那样，20世纪20年代的美国黑人文化正随着哈莱姆文艺复兴运动的兴起而充分涌现。在哈莱姆文艺复兴运动的呼吁下，美国黑人大力弘扬黑人文化，无惧种族隔离政策，要求加快承认黑人的公民权利。同一时期的法国黑人则偏向关注殖民统治问题，人人都在谈论一起闻所未闻的黑人文学事件：勒内·马朗出版《霸都亚纳》。

如果说这一时期的主要文学议题是关于殖民时期的描写，那么生于马提尼克岛、父母均是圭亚那人的马朗则开启了另一类文学，即从被殖民者的角度展开的对白人殖民者的观察。还有比曾在赤道非洲殖民政府部门工作的马朗更合适的作家人选吗？

自此以后，20世纪20年代的黑人小说围绕着反常现象与殖民者的无良行为展开。简言之，此类文学的出发点在于黑人对白人的观察。从批评的角度看，它甚至可以被看作"反向的异域风情"的开端，其对立面为从白人的角度观察黑人的法国异域文学与殖民文学。

矛盾的是，《霸都亚纳》也几乎涵盖了殖民小说的所有元素，作者对非洲的看法与任何一位生活在殖民地的法国作家对非洲的观感不相上下。在这部革命性的小说中，还存在不少关于非洲的刻板论调：霸都亚纳是部落首领，他有八位妻子；丛林中黑豹突袭，标枪打猎，举行葬礼，等等。尽管其原意本是呈现黑人村庄的现实生活及当地村民对白人的真实想法。

马朗标志着新文学的起点，白人在其中沦为次要角色，这不仅仅是一种颠覆！此外，《霸都亚纳》还为非洲小说的先驱们，如贝尔纳·达迪耶、卡马拉·莱耶、费迪南·奥约诺、蒙戈·贝蒂、乌斯曼·塞姆班等，开辟了前进的道路。

然而，殖民时期的小说很容易引发质疑，原因在于小说体裁倾向于遵从殖民文学虚构的创作规则。体现这一含混性的典型事例便是50年代初伴随卡马拉·莱耶《黑孩子》的出版而爆发的论战。在书中，这位来自几内亚的小说家讲述了自己的童年往事，却因塑造了一个"美好和平的母性非洲"形象而饱受非议。喀麦隆小说家蒙戈·贝蒂在体现"黑人性"意识觉醒的主要平台——《非洲存在》杂志上表达不满，指摘莱耶对前殖民时期的过度迷恋。他随后指出，作家的任务是把白人送上被告席，并在全世界面前宣读诉状。人们期待非洲作家不知疲倦地抨击殖民暴行——这无疑会导致一些仅仅把非洲文学等同于怨天尤人之作，或介入政治之文的观点出现。从上述强加于作家的指令看，人们显然认为朝殖民者咆哮比卡马拉·莱耶"以自我为中心"的忏悔更为重要，莱耶书写的是一种在家庭环境里"平和"展开的"小说"。

事实上，殖民时期的文学创作主要以自传、历史小说、社会批评为主，而独立时期的作品则偏向于对新非洲的颂赞。

这一时期的自传体小说本质上是教育性的。其中，非洲作家童年时期所经历的传统非洲社会与殖民者的世界截然对立：一面是平衡、和谐且同质的传统非洲，另一面则是颓废的殖民城市，当地人被困于沟渠，毫无脱身之策。殖民世界本质上是个人的，那里积攒着长久的愤懑，充斥着行政的冷漠，以及到处可见的白人的堕落，他们鼓吹暴力，滥用权力，沉迷酒色。

在殖民统治时期，大众教育者是为作家量身定做的角色，他们需要向人们展示如何使尽浑身解数应对残酷世界。以下两部小说可视作这一时期的象征：一是前文提到的《黑孩子》，二是贝尔纳·达迪耶的《克林比埃》（1952）。两位作家共同关注的焦点在于被殖民者的不安。为揭示非洲人夹在伊斯兰教信仰和西方哲学之间的两难处境，谢赫·阿米杜·卡纳刻意在《模棱两可的冒险》（1961）中将桑巴·迪亚洛（Samba Diallo）塑造为一个曾在《古兰经》学校和法国学校上过学的角色。长远来看，这种文化的混杂性将成为导致迪亚洛死亡的主因。

《黑孩子》在法国出版当年，卡马拉·莱耶年仅二十五岁。作家在书中描写了儿时的成长环境——他的出生地库鲁萨村——以及他所属的社会群体。在单数人称代词"我"的背后，实际隐藏着一个复数的"我们"。读者在小说世界中能感受到一种氏族的宇宙观，蛇的出现也影射着一种万物有灵的信仰，爬行的蛇吸引着孩子——小莱耶——的注意。

和莱耶的叙事一样，贝尔纳·达迪耶的《克林比埃》也记叙了一次欧洲之行，但《克林比埃》的主人公克林比埃在为达喀尔殖民政府工作十年之后重回非洲。尽管《克林比埃》以其所表现的政治理想区别于《黑孩子》，但这两部小说均对被殖民者的两难处境做了细致的刻画，一头是从学校习得的法国文化，另一头还需将所学之事纳入非洲传统当中。在莱耶的作品中，我们可以听见一种平静而担忧、天真又调皮的声音——孩子的身上背负着家庭戒律的重压；而在达迪耶的作品中，身份危机则表现得较为含蓄。莱耶认为，在传统的保护下，人可以自我疗愈；达迪耶却以为，应该通过政治行动，或至少通过质疑法语及其教学方法的霸权地位，以抵抗法国殖民体系强加于非洲大陆的文化异化。

没错，法语是一门勉强加诸他者的语言，贝尔纳·达迪耶曾假托"沃日拉的语言"*（la langue de Vaugelas）毫不留情地讥讽：

没有什么比听到母语说得不好更令人痛苦的，它是我们所听见的，从出生起便开始学习的，优先于其他任何语言的母语，它代表着一些自我，也承载着历史，对于一个民族而言，只有它可以证明其

---

* 沃日拉（1585—1650），法国语法学家，著有《法语刍议》（1647），致力于规范并维护法语的使用。

存在。然而，在学校内，在街道上，在军营中，在店铺里，法语的绞杀一刻不停。这变成了一种难以忍受的酷刑。

宗教也是同时期不少作者瞄准的发力点，蒙戈·贝蒂在《死里逃生的国王》（*Le Roi miraculé*, 1958）中通过描写一位皈依基督教的酋长埃松巴·门杜加（Essomba Mendouga）的命运，表达了反教权主义的观点，这也预示着传统社会——埃萨姆部落（Essazam）——的衰落。

作家有时甚至会让一个不起眼的小角色承担叙述者的任务，让这个出乎意料的小家伙发起对殖民统治的指控，他或她身上往往散发出一股天真的气息。例如在喀麦隆人费迪南·奥约诺的《家童的一生》中，白人指挥官的家童约瑟夫（Joseph）在日记中妙语连珠，用天然不做作的童声述说着殖民时期的日常生活。

乌斯曼·塞姆班不仅为我们留下了一系列伟大的电影作品，还创作了诸多受左拉作品影响的现实主义小说。1960年出版的《神的儿女》以1947年达喀尔—尼日尔段铁路工人罢工为原型。另一部小说《汇票》（*Le Mandat*, 1968）则预言了当下非洲内外对峙的困局：达喀尔的一名穷困潦倒的失业者无法兑换侄子 ——巴黎的一名清洁工——寄来的汇票。

一口断定殖民时期的所有小说均为介入政治的文本未免失于武断。有一些了不起的虚构故事专注于描写非洲的风俗人情，这类社会小说并未聚焦殖民统治引发的论争。如塞内加尔人乌斯曼·索塞的《卡利姆》（*Karim*, 1935）、阿卜杜拉耶·萨吉（Abdoulaye Sadji）的《尼尼》（*Nini*, 1947）、马里人塞杜·巴迪安的《风暴之下》（*Sous l'orage*, 1957）、贝宁人奥林普·贝利-库努姆（Olympe Bhêly-Quenum）的《无尽的陷阱》（*Un piège sans fin*, 1960）以及喀麦隆人弗朗西斯·贝比（Francis Bebey）的《阿加莎·穆迪奥的儿子》（*Le Fils d'Agatha Moudio*, 1967）。

上述作品意在呈现现代性与传统、过去和现在之间的对立，同时还包含着某种教化意义：呼吁人们不向西方文明的幽灵出卖灵魂，那是一场伴随独立的到来而销声匿迹的骗局。

/ 非洲的独立与幻想 /

非洲的独立本来应该为非洲人民带来解放。20世纪

60年代的非洲到处都弥漫着热情、欢快和希望的气息。1960年6月30日，比属刚果获得自治权的当天，博杜安国王[*]（le roi Baudouin）发表演讲，认为殖民统治值得称颂，帕特里斯·卢蒙巴[**]（Patrice Lumummba）在其后突然发言：

> 我们曾经历讽刺、侮辱，还有没日没夜的打击，只因为我们是黑人……谁能忘记我们死于枪战的兄弟？谁又会遗忘被粗暴地关进地牢的兄弟？他们只是不愿向剥削压迫人民的不公义政权屈服。

20世纪60年代，当非洲人民终于能为摆脱殖民枷锁而欢欣鼓舞时，一波独裁政权很快占领了非洲大陆，他们通过政变上台，有些甚至得到了前宗主国的暗中相助。因此，反独裁文学于60年代末诞生，代表作是阿马杜·库鲁玛的《独立的太阳》。后来者包括索尼·拉布·坦西的《一条半的命》、蒂埃诺·莫内姆博的《丛林蟾蜍》及布巴卡尔·鲍里斯·迪奥普（Boubacar Boris Diop）的《塔曼戈时代》（*Le*

---

[*] 博杜安一世，前比利时国王，1951—1993年在位。
[**] 刚果民主共和国首任总理帕特里斯·卢蒙巴是刚果民主共和国的缔造者之一。

Temps de Tamango, 1981）。

细数非洲独立对传统社会造成的影响后，阿马杜·库鲁玛对单一政党模式的到来展开抨击，而索尼·拉布·坦西则效仿拉美作家，描述所谓的"天命之师"（guides providentiels）及其他终身制总统所犯下的暴行。此外，拉布·坦西还刻画了顽强的反叛者的不朽形象，他们是君主的眼中钉、肉中刺。

通过一幅寓意鲜明的肖像画，蒂埃诺·莫内姆博借暴君瑟·马特拉克（Sâ Matraq）的苛政影射几内亚总统塞古·杜尔（Sékou Touré）对人民群众的暴政，尤其以精英分子的受挫为重，如小说人物迪奥尔德（Diouldé），归国前在匈牙利专攻电力学。

塞内加尔人布巴卡尔·鲍里斯·迪奥普则将矛头指向形形色色的虚假独立，尤其控诉了1960年当选塞内加尔总统的利奥波德·塞达尔·桑戈尔的统治。

刚果人亨利·洛佩斯的小说《喜忧参半》凭借其独特的语调、"非洲化"的法语、大量的"刚果语"、错综复杂的叙事声音以及零散的结构而独具魅力。喜剧性和滑稽效果成为其特有的标志，为一贯以严肃甚至谄媚著称的刚果文学增添了一抹色彩。洛佩斯的想象宇宙不乏对社会政治习气、部落主义以及独立后转向马克思列宁主义的非洲国家的讽刺。在《喜忧参半》中，一位绰号为汉尼拔–伊德洛伊·布瓦卡马贝·纳·萨卡德（Hannibal-Ideloy Bwakamabé Na Sakkadé）的独裁者在发动政变后实行专制统治，严令禁止手下的部长们发表演说或出席任何公共建筑的揭幕式。独裁者无处不在，无孔不入，纠缠着人们的生活与梦想。基督是他唯一的对手，他自负文韬武略，自比路易十四，甚至为自己打造了一座凡尔赛花园，用以在寿辰之日接受四方来贺，与世界各地的大人物把酒言欢。彼时，人民却在痛苦中饱受煎熬。

作家们往往从内部审视陷入混乱的非洲国家，以达到批判后殖民社会的目的。社会的不平等摧残着底层人民的生活，而比殖民时期更为粗暴的政策则令原本忠于传统的老百姓无路可走。这一时期不再是白人征服黑人，而是黑人压迫黑人。

塞内加尔作家阿密娜达·索·法勒在《乞丐罢乞》中探讨的主题不同于其他女作家一般谈及的妇女地位、割礼、一夫多妻制、嫁妆、不育等问题。比起女权主义者或说教式的主角，索·法勒更倾向于塑造一位"公民叙述者"。在她看来，抨击非洲取得独立后的方向偏移才是重中之重。她既不是在为殖民统治辩护，更不是盲目求助于过去；而是对新上位的统治者进行攻讦，严斥非洲人不该陷入全盘西化的诱惑。她笔下的人物皆是历史的受害者，比如达喀尔街区伸碗讨钱的乞儿（bàttu），路人会出于慷慨及对传统的尊重向碗里扔下一两枚硬币。通过讽刺和黑色幽默的语言艺术，索·法勒为观察后殖民时期的非洲提供了一个更为开阔的社会现实主义视野。此外，她还提醒我们，传统和现代世界之间并非毫不兼容：

> 我住在一间传统的房屋里，尽管人人都对现代的含义闭口不谈，但我还是在这间屋子里学会了现代的思想，我们必须跟上自己的时代，从传统处着眼未来。[2]

尽管作者常常否认，但《乞丐罢乞》在某种程度上仍可被解读为对总统诗人利奥波德·塞达尔·桑戈尔所做决策的指控。桑戈尔曾在20世纪70年代为维护"国家的良好形象"而下令追捕达喀尔街头的乞丐。尽管桑戈尔以"人文主义"的捍卫者及黑人性运动的发起人而著称，他本不该漠视在这些塞内加尔，乃至整个西非的传统风俗中发挥重要作用的边缘人。这些"大地上受苦的人"（damnés de la terre）是连接人民与真主的纽带。只有通过他们，人们才能获得神圣祝福，取得商业成功，达成职业进步。若不是因为新上任的非洲领导人的贪婪，这种平衡又怎会被打破？

传统社会并没有完全销声匿迹，总有一些恶人想假托传统，使不公不义的现象代代相传。喀麦隆作家维尔维尔·利京（Werewere Liking）在《她将由碧玉和珊瑚构成》（*Elle sera de jaspe et de corail*, 1983）中抨击了父权制度在社会中的代际流动，作者渴望看到非洲大地上的每个人都变成"由呼吸和火焰、碧玉与珊瑚组合成的孩子"。作为画家、导演兼小说家的维尔维尔·利京用"小说歌"（chant-roman）一词标示其写作体裁，这体现着作家渴望撼动并突破小说边界、创作独特写作面貌的意志，从中我们还可以瞥见作家即将于20世纪90年代开始着手的写作实验的影子：自由选择的文风与主题。

后殖民时代的传统社会同样是贝宁–塞内加尔小说家肯·布古尔（Ken Bugul）创作的焦点所在。在第一部小说《疯狂的猴面包树》（*Le Baobab fou*, 1976）中，她毫不犹豫地以个人证言的形式曝光丑闻。她是她丈夫的第二十七位妻子，这让我们联想起塞内加尔人玛丽亚玛·芭——黑非洲最早用法语创作的女作家之一——所著的《一封如此长的信》。《疯狂的猴面包树》象征着移民主题回归非洲文学版图的开端，作品讲述了作者留学欧洲时的挫折经历，及回国后为摆脱文化异化、贴近家乡传统风俗所做的种种尝试……

在《影子的季节》（*La Saison de l'ombre*, 2013）中，喀麦隆人莱奥诺拉·米亚诺（Léonora Miano）受扬博·乌洛格讨论黑人奴隶制问题的启发，开始着手处理黑人自我背叛的问题——这一问题已愈发受到我们同代作家的关注，我也曾在散文集《黑人的眼泪》（*Le Sanglot de l'homme noir*, 2012）中论及该问题。

在米亚诺的引导下，我们通过理解重拾历史，过去所蒙受的最严重的侮辱在历史中无所遁形，哪怕它们来自我们身边的人，来自与我们相像的人，来自可能改变我们传统罪责模式——并非根据事实，而是由意识形态对策强制规定的罪责——的人。这并非抹杀西方对非洲的不幸所应承担的责任，我们当然需要讨论非洲连遭灾祸的原因，但也应全面看待问题，不掩饰我们自己或主动或被动的"共谋"行为。

在一个不同文化彼此对抗的世界里，讲述历史也意味着讲述我们的移动方式，从一片大陆移动到另一片大陆的方式，也即迁徙……

/ 移民小说 /

移民主题并不新奇，它在非洲文学中早已屡见不鲜。自20世纪80年代以来，移民文学甚至引发了强烈回响。纳塔莉·菲利普指出："大量文学作品出自后殖民作家之手，他们常将自己在法国，往往是在巴黎或巴黎地区的流亡经历作为创作动力。"[3]一方面，他们在原籍大陆以外的地方写作、出版、生活；另一方面，他们的作品同时涉及法国与非洲两地，对外国人在欧洲的生活境遇有所描写。学者奥迪尔·卡泽纳夫（Odile Cazenave）在《塞纳河畔的非洲》（*Afrique sur Seine*）中论及了这一现象，从书名中便可见一斑。[4]

如前所述，移民一贯是非洲文学探讨的焦点。早期文学文本反映的是一种"凝视型"的移民，集中体现为对法国人生活习惯及聊天、擤鼻涕、抽烟、街头快走等生活方式的批评。贝尔纳·达迪耶1959年出版了《一个黑人在巴黎》[5]，主人公贝尔廷·塔诺赫（Bertin Tanohé）对巴黎人的习惯进行了细致描写，隐约有孟德斯鸠《波斯人信札》的风味，是最有助于理解非洲独立前夕巴黎人精神状态的非洲小说之一。

殖民时期的移民与多哥小说家萨米·察克（Sami Tchak）在《庆典广场》（*Place des Fêtes*, 2001）中"自我鞭笞的移民"是一回事吗？实际上，察克笔下的主人公出生在法国，是移民后代。作为一名"法国黑人"，他对"那边"正在发生的事情一窍不通，对非洲的礼仪更是一知半解——他认为它们过于繁琐，更加不理解他父亲不惜一切代价都想被葬在"那边"的愿望。于是，这个年轻人开始反抗，他不仅拒绝背负父亲试图传递的传统重担，而且希望实现文化和性欲的双重自由。这不再仅仅是一次传统的非欧之旅的问题，而且还涉及本土非洲人与在欧洲，尤其是在法国的非洲人的关系问题。

殖民时期的移民小说与独立后出生的我们这一代作家书写的移民故事大相径庭。在最近几年出版的小说中，人物普遍呈现出绝望的心态。他们面对的法律在1937年尚未出台，同年，塞内加尔人乌斯曼·索塞出版《巴黎幻影》

（*Mirages de Paris*）。当时，前殖民地的大多数侨民均为法国公民，若资金充裕，即可轻易前往法国本土。对于政客而言，移民问题并非利害所在，更何况，遭世界大战蹂躏的法国经济也亟需劳动力。由此观之，并不存在某个静态的主题，它们总是被再次处理且重新阐释。自第二次世界大战以来，法国每年都有一部以占领时期或纳粹主义为主题的小说出版。难道从这些作品当中也无法发现任何独特之处？

移民法国的主题也贯穿了瑞士-加蓬作家贝索拉（Bessora）的作品，她的第一部小说《53厘米》（*53 cm*,1999）与作家的个人生活密切相关。尽管作者凭借高超的技巧成功拉开自己和人物间的距离，但读者还是能够把作者和女主人公扎拉（Zara）联系在一起。出生在比利时的扎拉和贝索拉一样是瑞士-加蓬人，她梦想前往法国研究"初民"（populations primitives）的生活习惯。这门被叙述者称为"高卢学"的科学将为她开启一段冒险之旅，而她首先需要取得一张真正的"护身符"，换言之，一张居留证。对于贝索拉而言，这是一次从民族学角度着手分析法国的机会。她将深入剖析刻板印象、种族偏见及诸多令外国人举步维艰的反常政令，并以一种颇为欢快的文风颠倒两大洲的角色地位，将自然主义和决定论的相关理论应用于阐释欧洲。要知道这些理论本是多名哲学家和人类学家的手笔，专门用于阐明殖民统治的合法性，它们将世界一分为二，造成文明人和野蛮人的对立局面，而前者被认为应对后者的启蒙负责。

无独有偶，法图·迪奥姆的作品也对法国和非洲进行着严厉的审视。在短篇小说集《国家偏好》（*La Préférence nationale*, 2001）及小说《大西洋之腹》（*Le Ventre de l'Atlantique*, 2003）中，作者重新考察了不同缘由导致的关系反常现象，如西方人对非洲人的偏见或以传统为名行排外之实的非洲社会等原因。

当然，还有诸多主题，如旨在撼动国界、挑战巴黎在法语创作中的霸权地位的世界文学；卢旺达1994年的种族灭绝事件，该事件将改变对作家地位的认识，我将在接下来的课程中做详细介绍。卢旺达激发了一种超越非洲文学框架的见证文学，不少外国作家作品，如法国人让·哈茨费尔德（Jean Hatzfeld）的《屠刀一季》（*Une saison de machettes*, 2003）、《赤裸裸的生活》（*Dans le nu de la vie*, 2000）、《羚羊战术》（*La Stratégie des antilopes*, 2007），魁北克记者、作家吉尔·考特曼什（Gil Courtemanche）的

《在基加利游泳池的星期天》（*Un dimanche à la piscine à Kigali*, 2000）等，都为曝光这一悲剧做出了贡献。这些作品与吉布提人阿卜杜拉曼·瓦贝里的《收集头骨》（*Moisson de crânes*, 2000）、布巴卡尔·鲍里斯·迪奥普的《穆拉比的骨骸遗书》（*Murambi, le livre des ossements*, 2000）及蒂埃诺·莫内姆博的《孤儿们的大哥》（*L'Aîné des orphelins*, 2000）一样，就同主题进行了创作。

除卢旺达的种族灭绝事件外，有关非洲儿童兵的虚构故事也层出不穷——反映该主题的代表作有阿马杜·库鲁玛的《人间的事，安拉也会出错》（*Allah n'est pas obligé*, 2000）和《当我们拒绝时，我们说不》（*Quand on refuse on dit non*, 2004）……

/ 移民性与法国的省级化 /

英裔美国人多米尼克·托马斯在他的《墨之黛色》中将殖民主义，尤其是移民和身份认同视作"非洲法语文学"的核心所在："殖民时期的小说人物之所以前往法国，主要目的是学习或旅行，而在当代小说中，人物则常与拘留中心打交道，被程序问题弄得焦头烂额，经常发现自己被归为非法、偷渡或无证人士。"⁶在某种程度上，这大大缩小了小说和纪录片之间的界限。此类小说常以个人专栏的形式见于报端，涉及社会学、身份问题，甚至政治及其他具有煽动性的议题。在少数情况下，作者可能会在文学框架之外遭受质疑，这不过是为了激起关于法国移民问题的大讨论而假托的借口罢了。

自20世纪80年代起，小说开始"观察法国"。在每一年的文学季中，总有一部作品出自移居欧洲，特别是在巴黎或巴黎大区定居的作家之手。故事的主人公往往面临着由自己的移民身份所导致的生存境况，他们夹在融合及不忘本的两难当中，在焦灼与不安中彷徨。

黑人文学中的移民角色或许可以呈现我们时代的面貌：他或她是一个"冒险家"，因政治或经济问题而移居欧洲，且不确定自己在欧洲的逗留时间。在此类故事中，结局往往"很糟糕"，拥有"幸福结局"的故事寥寥无几。这一现状促使若干批评家思考"非洲悲观主义文学"的合法性。简言之，反映移民性的小说特点在于，对欧洲这片陌生之地上所经历的一切抱有一种相当消沉的态度，而这个欧洲也曾是吉布提小说家阿卜杜拉曼·瓦贝里口中"后殖民时期的孩子"（les enfants de la postcolonie）所梦想过的大陆：

> 实际上，重返故国的主题已从非洲小说的图景里隐没不见了：相反的主题（非洲人前往法国）才是非洲年轻人中的热门话题，在某种程度上，在年纪稍长一点的非洲人中也是如此。人们不禁想问，在好几代人中间流传的罪恶感是否已然消逝［……］其实，非洲小说所缺乏的并不是对法国的回忆，而是关于非洲人移民法国的小说经历了延迟。[7]

这似乎印证了雅克·谢弗里耶（Jacques Chevrier）的批评，即作家的话语存在与现实脱节的危险。一方面，对于移民作家而言，"非洲变成一个遥远的、神话般的存在；另一方面，他们必须迎接日常生活的挑战，因为他们身处的法国社会尚未针对文化多样性采取合理措施"[8]。

综上，非洲法语文学仍然如影随形地跟随非洲大陆运动，这亦是法国出版社对其兴趣高涨的原因之一。在法国出版社看来，读者与非洲之间的距离不再遥远，而非洲的遭遇亦会对欧洲，甚至其他大陆产生影响。如今，该如何出版非洲法语文学作品呢？是否应为丛书贴上一张"非洲标签"呢？这样一来，非洲法语文学看似从一个庞大的整体——法国文学中分离了出来，但它真的变得清晰可见了吗？这一问题值得我们深入探讨，也将是我们下一堂课的主题……

第四课
非洲文学作品在法国的出版情况

2016 年 4 月 12 日

　　人们总是惯于"单独"考察非洲文学，因此创造出一条想象的界线，在我看来，这条线就像赤道一样，它划分了"真正的文学"，即"法语-法国"作家的文学作品，及仅仅被当作非洲文化典型代表的文学——反映着社会学、人种学、政治学及其他边缘视角下的非洲文化。值得注意的是，这些非洲作品也是通过法语创作，且在法国出版发行的。

/ "产品"的典型或刻板介绍 /

　　面对非洲作家的作品封面时，上面的图片总会给我们留下深刻印象。不同出版商旗下的作品封面图片相互重合，促使我们去阅读某一特定类型的非洲。这些图片仿佛邀请我们踏上远方的旅程——与过去几个世纪里令读者浮想联翩的插图一样，它们搭筑起一个惊险宇宙，吸引读者共赴一场充满冒险、魔法和巫术的神秘异国之旅。在第一课中，我曾参考让-弗朗索瓦·斯塔萨克（Jean-François Staszac）对异域文学的相关论断。在他看来，异域文学之所以大获成功，关键就在于它具有非常明确的目标，即"致力于重现一段过去的旅程，令深受文本与图片吸引的读者产生亲赴异域的渴望"[1]。

异域形象的再现源自殖民无意识，作品封面将展现"典型非洲元素"视作目标，它们将图片粘贴到作品上，让读者能安心开启一场热带之旅。为抬高售价，大部分的"产品"元素都得到了落实：向读者承诺提供一种混杂着欢乐的非洲表达的法语，一种美味、多彩且灿烂的口语性。等待读者的将是一个温柔而暴力的未知非洲，主人公会把幸运的读者引向黑色大陆的心脏地带，让他们穿梭在魔法和人祭中，在一旁观看当地人向神秘森林的黑暗神宣誓效忠。

肯尼亚作家宾亚万加·韦奈纳（Binyavanga Wainaina,

1971—2019）在《如何书写非洲》（*Comment écrire sur l'Afrique*）中讥讽道，书写非洲简单至极，他甚至还为无从下笔的人列出了若干关键词。这篇文章收录在米歇尔·勒·布里（Michel Le Bris）与我合编的文集《非洲的到来》（*L'Afrique qui vient*）当中。韦奈纳写道：

在标题中一定要使用非洲、黑暗或者游猎。副标题则可采用马萨伊人、祖鲁人、赞比西河、刚果、尼罗河、伟大、天空、影子、鼓、太阳，甚至是过去。此外，提及游击队、永恒、原始或部落也不会出错。值得注意的是，"人们"（gens）指代不是黑人的非洲人，而"人民"（peuple）才用于指涉非洲黑人。当您写作时，记得把非洲看成一整个国家。要么描写一种炎热且尘土飞扬的景象，目之所及的大草原和庞大的动物群，还有高大、瘦弱且饥肠辘辘的人；要么叙述一种炎热且潮湿的气候，身材矮小的人以猴子为食。不需要进行精确的描述。非洲地域广阔：有五十四个国家，九亿人忙着挨饿、打仗、移民，根本没有时间阅读您的书。非洲大陆满是沙漠、丛林、高原、大草原等景观，但读者对此丝毫不关心，您只需使用一种浪漫而模糊，且能引起人们无限联想的描述即可 [……] 千万记得说明非洲人天生自带节奏感，灵魂里自有音乐，他们偏吃别人认为不可吃的食物。大米、牛肉和谷物都不必谈起，猴脑才是非洲的首选菜肴，还有山羊、蛇、虫子、毛毛虫……借此机会，您可以表明自己并不厌恶这些食物，并顺便解释自己是在何种情况下学会享受它们的——您感到自己和非洲之间存在着一定的联系……[2]

马克斯·罗伊（Max Roy）在《文学标题及其阅读效果》（*Du titre littéraire et de ses effets de lecture*）中列出了以下问题：

谁不知道一些还未看过，但早已了解或怀疑其重要性的作品名称呢？然而，读者迟早都会学会对书名保持警惕。要么是有缺陷，要么是带有误导性，甚至操纵性。有时尽管标题诱人，但继续翻看其内容也可能遭遇惊讶或失望，谁还未曾有过类似的经历呢？[3]

上述问题对非洲作家作品的封面插图也同样适用。更换封面也未必能避免最坏情况的发生，尽管封面的调整往往受到时代风气或良知的推动，但并不必然能消除前一幅插图所内含的偏见，反倒可能加剧一种刻板印象，令先前的观念得以维持。如卡马拉·莱伊《黑孩子》的封面，1953年版本的封面几乎是中性的，在黑色背景上配以白色标题，而2007年的大尺寸重印版本——我曾受委托为该版作序——的封面图像更具"非洲味"：一名黑人男孩赤脚走在尘土飞扬的路上，他的手里拿着一个铁环和一根棍子，风吹开了他的衬衫。还有当地的植物，必须让读者一眼便能置身于非洲，并在几秒钟内想象出图片里男孩的生活，还必须让读者在脑海里产生这一想法——这名男孩将讲述关于他自己的故事：

　　我还是个孩子，当时正在父亲的小屋旁玩耍。当时我多大？我已记不太清楚，但定然还小：大概有五六岁吧。作坊里，母亲在父亲身旁，我能听到他们的声音，让人安心且平静，中间还夹杂着上门主顾的交谈声与打铁铺的敲打声。突然，我停止玩耍，我的注意力，我所有的注意力，都被一条蛇吸引，它正绕着小屋爬行，看起来仿佛在那儿闲游；我离它越来越近了……

舞台就这样搭建起来了。它似乎与封面的承诺联结在
一起，该版封面与初版或口袋本的封面不同。后者的封面
则侧重以一种严肃的气氛或一抹微笑凸显童年时期的坦率
与纯真，这足以让我们翻开书页，与爬行的黑蛇相遇。黑
蛇则象征着一种鲜明的、动物界与人类融合互补的宇宙观，
由此，我们才能更好地与祖先和谐共处。他们从未离开，
而是在我们周围徘徊，他们在保护我们的同时，也会在我
们偏离群体生活的基本规范时，向我们施以惩戒……

典型封面仍在与我们的时代相抗。某些出版社无疑共
享着同一个插图数据库，有时甚至会发生撞图事件。如塞
拉利昂裔英国人阿米纳塔·福纳（Aminata Forna）的小说
《爱的记忆》（*The Memory of Love*）与加拿大人劳伦斯·希
尔（Lawrence Hill）的小说《阿米纳塔》（*Aminata*）的封
面人物是同一名女性——拍摄这张照片的摄影师想必挣了
不少钱——两张封面的唯一区别在于非洲女性看向了不同
方向。非洲存在出版社在出版《阿米纳塔》的法译本时，
也选择了这张非洲女性的照片作为封面，还在人物脸上平
白增了两道明显的疤痕，借此突出其非洲性……

如何解释这一态度呢？两年前，《国际邮报》（*Le Courrier International*）转载了一篇发表在"非洲是个国家"网站上的文章——《非洲文学：过分刻板的作品封面》（*Littérature africaine: des couvertures de livres bien trop cliché*）。作者在列举若干封面后指出，为迎合美国公众的口味，非洲文学的作品封面常常出现金合欢树或草原落日；若是马格里布地区作家的作品，封面上则通常是一名戴面纱的女性。

克诺普夫出版社（Knopf）是美国最大且最具声望的出版商之一，当其艺术总监彼得·门德尔森（Peter Mendelsun）被问及该问题时，他把责任归咎于美国出版界的惰性，即为确保图书畅销而倾向于选择满足公众期待的封面：

> 当手稿进入印刷阶段，一种走前人走过的路的强烈诱惑便会出现。假如读者对新封面不买账，谁该负责任便一目了然：那个没把金合欢树印在封面上的人。

2006年，尼日利亚作家奇玛曼达·恩戈兹·阿迪契（Chimamanda Ngozie Adichie）的小说《半轮黄日》（*Half *of a Yellow Sun*）在美国出版，其封面就是一株金合欢树！奇玛曼达·恩戈兹·阿迪契的法国出版商伽利玛出版社没有沿用这一封面，而是明智地选择了一个更中性的封面：在强烈的明暗对比下，一轮半遮半掩的太阳映入读者眼帘，如日食一般。

2010年，我的小说《明天，我二十岁》（*Demain j'aurai vingt ans*）被编入伽利玛出版社的"白色"系列丛书，因此封面上并未出现"典型"标记。当弗里欧出版社（Folio）之后尝试出版口袋本时，我希望选择一张更扎根于生活的照片。我想起来自刚果（金）的伟大摄影家让·德帕拉（Jean Depara），他曾因拍摄独立时期利奥波德维尔（如今的金沙萨）的夜晚而闻名世界。那张照片上的一对情侣正在接吻，这一行为在我们童年时期并不常见——我没有见过自己的父母进行这类"亵渎的行为"，当时有关爱情的表达十分私密，会在一间昏暗的房间里进行，须提前把孩子留给阿姨或祖母照管，她们当然对即将发生的事情心知肚明。我认为这张照片很符合我在书中详细描写的父母个性。最终，这本由我的替身——十岁的米歇尔——叙述的记忆之书并未采用这张照片，尽管伽利玛出版社同意我的选择，却没能找到拥有让·德帕拉之吻的复制权的所有人。我们只好选用了另一张照片，好几个孩子在刚果（布）的一栋公共建筑前自由地奔跑……但背景里仍有一棵树！

本着相同的想法，我希望《碎杯子》的口袋本封面不必将小说人物置于一间肮脏的酒吧。我非常满意观点出版社图像部门的选择：那是一间相当干净的酒吧，甚至过于干净了，它不影射某一特定地区，为读者留足了重建这一刚果本地场所的想象空间，它可能来自任何地方，土耳其、几内亚比绍（Guinée-Bissau）、阿雅克肖（Ajaccio）、圣-让-昂热莱（Saint-Jean-d'Angély）、塞尔吉-蓬图瓦兹（Cergy-Pontoise）或者东京——这当然需要读者发挥自由的想象。

令我感到遗憾的是羽蛇神出版社（Le Serpent à plumes）出版的《维辛格托里克斯的黑人子孙》（*Les Petits-Fils nègres de Vercingétorix*, 2003）的封面。它会让人联想起某种异国情调，这与我在小说中讲述的刚果（布）于20世纪90年代经历的内战故事毫无干系。印有一杆标枪和一名赤膊的马萨伊战士的封面与小说中的刚果世界相差甚远。我只能安慰自己，这是一本小说，一切皆有可能：刚果人可能成为马萨伊人，马萨伊人也可能成为刚果人……

/ 为非洲文学专设的若干丛书 /

阿提埃出版社（Hatier）已推出雅克·谢弗里耶（Jacques Chevrier）主编的"黑色世界"系列，伯纳德·马尼耶（Bernard Magnier）主编的"非洲丛书"在南方文献出版社出版，伽利玛出版社2000年推出小说家让-诺埃尔·希法诺（Jean-Noël Schifano）主编的"黑色大陆"系列——这无疑是最广为人知且最富争议的一套非洲丛书。大多数汇集在"黑色大陆"标签下的非洲作家无一不梦想着进入"白色"系列，也的确有作家实现了类似的"晋升"（ascension）。比如，毛里求斯人阿南达·德维（Ananda Devi）的多部小说均被收入"黑色大陆"系列，后续作品才得以进入"白色"系列，其编辑却仍是"非洲丛书"的主任。卢旺达人薛拉斯蒂克·穆卡森加（Scholastique Mukasonga）分享着同样的经历，他曾一直为"黑色大陆"扛大旗，在赢得勒诺多文学奖后，才终于在"白色"系列拥有一席之地。

毛里求斯女作家娜塔莎·阿帕纳（Natacha Appanah）在进入伽利玛出版社的"白色"系列丛书前，曾一度在奥利维埃出版社（Olivier）发表作品，而喀麦隆作家加斯东-保罗·埃法在进入"白色"系列前更是数度更换了出版社！

多哥人萨米·察克是"白色"系列丛书的首批作者之一，在被纳入让-克劳德·拉泰斯（Jean-Claude Lattès）出版社的出版目录前，他曾在法国水星出版社（Mercure de France）发表过数本小说。

/ 饱受争议的非洲书丛 /

2006年，《解放报》记者爱德华·劳内（Édouard Launet）就新文学季推介"黑色大陆"系列丛书的数位作者所引发的争议做出如下报道：

> 让-诺埃尔·希法诺（丛书主编）一边谈论着，一边在想象中描画传说中的大陆轮廓。他仿佛置身于尼日尔河的河畔，眼前的河水正在上涨。直到一个无礼之人叫住他："你说说看，你主编的非洲黑人作家作品丛书，会不会有点落入社群主义的陷阱呢？还有，为什么字体如此难看（采用Futura Book字体——一种棍状字体——实际不怎么美观）？"一阵短暂的沉默

后，希法诺之流又开始了，它变得更加活跃：不，您根本不明白，您看，"黑色大陆"（Continents noirs）是复数形式，它不实指任何地理空间，而是指涉写作中的想象之物，换言之，这是一种"存在主义的巴洛克"（baroque existentiel），无论如何，这种不分青红皂白的种族隔离式的持久审判真够受的。事情完结？不，这只是开始。《渴望非洲》（*Désir d'Afrique*，被收入"黑色大陆"丛书）的作者博尼法斯·蒙戈-姆布萨（Boniface Mongo-Mboussa）对无礼之人展开抨击："您实在是不懂装懂，不少非洲书丛早已面世，比如卡尔瑟拉出版社（Karthala）的'非洲'系列、哈蒂尔出版社的'黑色世界'系列，您为何只指责希法诺主编的丛书？难道是因为希法诺更擅长意大利文学而不是非洲文学吗？"另一位被编入"黑色大陆"丛书的作家也挺身而出：这场争论就是一场永久的、令人厌倦的偏移，妨碍着对作品内核的探讨。第三位作家指出，纵然地理因素可能参与其中，我们也有很好的先例可循，如罗杰·凯洛瓦（Roger Caillois）的"南十字"丛书（Croix du Sud），它同样隶属伽利玛出版社，后成为推介南美文学的主要力量，难道不是它发掘了博尔赫斯吗？博尼法斯·蒙戈-姆布萨提高嗓门，砰地一声关门离开。角落里的安托万·伽利玛（Antoine Gallimard）一言不发。希法诺尝试息事宁人：伽利玛出版社决不会设立边界。他进一步指出："您大可以先进入'黑色大陆'丛书，之后再回到'白色'系列。"从房间后面传来几声神经质的笑声。这出心理剧又是怎么回事，难道要去请教弗洛伊德？伽利玛出版社以"新法国评论"（NRF）的"白色"系列为代表，它能否在其中划出一块"黑色空间"（espace noir），并避免"弗洛伊德式错误"[*]？[4]

在上述回复中，仍有几点值得注意。罗杰·凯洛瓦战后从阿根廷回国并创建了"南十字"丛书，其中涵盖1952年至1970年间面世的外国文学作品，即原著语言为西班牙语而非法语。凯洛瓦主编此套丛书的意图何在？我们可在法国出版社的网站上找到答案："'南十字'丛书涵盖着丰富的作品；当然首先是文学杰作，其次还有诸多批评集或社会学作品——其中有若干作品也已成为经典——它们有

---

[*]　弗洛伊德式错误（Freudian slip）是一个精神分析学的概念，又称为动作倒错，指语言或记忆上的错误，被认为与无意识有关。

利于揭示新大陆上人类群体及其价值观念的形成与发展模式，在那片尚不安稳的陆地上，人类和空间、自然之间的对抗依然激烈——这催生着一种与众不同的生活方式，其取之不尽的资源将在未来发挥主导作用。"

那么，20世纪90年代末至21世纪初的非洲对法国人而言仍是一片"新大陆"吗？"南十字"丛书也并非发掘拉丁美洲文学的唯一渠道，加布里埃尔·加西亚·马尔克斯的《百年孤独》不正是由瑟伊出版社成功出版的吗？

最后，出版社的诚心是值得肯定的，即便在公众眼中，专门为非洲开辟丛书可能会加剧一种分隔的想法：作家在未得到充分认可以前，还需经历一个"试用期"。作者似乎不得不事先签订一份试用合同，若通过试用（其作品成为畅销书或赢得新一年文学季的某项大奖），他或她今后的作品才能被编入"白色"系列出版，这名幸运作者才能和法国新一代文学作者比肩……

此前的非洲法语文学作品并未单独成系列出版，这大概与许多人的想法有所出入。当时，它们多由非洲存在出版社或巴黎的几大主要出版社出版，而出版社也未设立专门的丛书，而是将法语作家同法国作家一起编入一般的出版目录中。以下出版社出版的小说奠定了黑非洲文学的基石：卡马拉·莱耶的《黑孩子》(普隆出版社)，谢赫·哈米杜·凯恩的《模棱两可的冒险》、费迪南·奥约诺的《家童的一生》以及《欧洲的道路》(茱莉亚出版社)，奥林普·贝利-库努姆的《无尽的陷阱》(斯托克出版社)，利奥波德·塞达尔·桑戈尔的《影之歌》、扬博·乌洛格的《暴力的责任》、库鲁玛的《独立的太阳》、蒂埃诺·莫内姆博的《丛林蟾蜍》(瑟伊出版社)，乌斯曼·塞姆班的《神的儿女》(城市出版社)以及贝尔纳·达迪耶的《克林比埃》(塞格斯出版社)等。

　　丛书的创立可能会引起混乱，使读者对作家的写作语言产生困惑。在本讲末尾——"他从此只看非洲小说的老翁寓言"中，我将向各位讲述二十多年前我所遭遇的含混不清的情况……

/ 他从此只看非洲小说的老翁寓言 /

　　那是在1998年，我的第一部小说《蓝-白-红》刚由非洲存在出版社出版不久。我在一座法国小村庄为它举行签售会，那个村庄不过六七百人。有一位老翁在远处观察了许久，他看起来为人正派，八十岁上下。他走到书堆前，拿起小说翻开前两页，随即又放下了，他问道："先生，出版社为何没有注明译者姓名？"

这句话开启了一次交流的契机，我向他解释道，我用法语写作，是因为在我的家乡，法语也作为一门完美、丰富、多彩且闪亮的语言存在。在街区或酒吧里，法语和非洲当地语言一样被用于交流。不论是醉酒到天亮的醉汉，还是殡仪员，人人口中都说着法语。黑人牧师更是如此，在葬礼上他们不会放过任何一个使用法语虚拟式未完成时从句的机会。我之所以用法语写作，是因为它让我发现了词语，它让我懂得语言、思想和想象可以被标记。情感不仅体现于声音中，也反映在词语标记的纸页上。我之所以用法语写作，是因为它开启了我的阅读初体验，让我能在阅读中遨游四海……我与法语的关系可以被简单描述成一种收养关系（但这种收养关系并非绝对，因为我与非洲语言的联系从未中断，我既未抛弃原生文化的影响，也未彻底融入法语这个收养家庭）。我永远不会否认非洲语言对我的影响，比如我的口音，甚至连我的书也有口音！我不知道自己做梦或思考用何种语言。我不停地做梦、思考……事后再将其表达出来。是我在创造，创造一门属于我自己的全新法语，我们同呼吸，共命运。这让我想起一则母亲讲过的传说：人物是沉默的巨像，只要向他们的鼻孔中吹气，语言就诞生了。他们用什么语言交流呢？母亲没有做出回答……实际上，非洲语言的音色与法语实现了永久的合奏，一种语言间的轰鸣声。当我一边查字典，一边苦涩地意识到自己无法随心所欲地用法语写作时，我的非洲母语便会前来帮忙。也许正是在这一刻，我发明了另一种法语？曾经的法语学习对我而言是一段痛苦的经历。当时，我厌烦写作，也害怕听写，尤其讨厌语法。一旦过去分词的配合存在错误，老师就会把一个标记挂在我们脖子上。标记？没错，伯纳德·达迪埃在《克林比埃》中曾描述过类似的惩罚。在刚果，挂在我们脖子上的标记是一大块发臭的肉。犯了法语错误的可怜学生整天都得戴着这个标记，在院子里，在全校的同学面前。这些困难让我更加靠近这门语言。我向老人解释道，法国在很长一段时间里并没有垄断法语。它和林加拉语、基孔戈语、本巴语一样，也是我的语言，法语也属于我。它到处闲逛，在贫民区的泥房里安居，又在芒果树下打瞌睡，还会去市场为争吵推波助澜，法语还是我的写作语言，因为我必须用一门语言来写作！……

故事的结局？这位好人直到去世前都只读非洲法语文学……

第五课
民族文学与政治煽动

2016年4月19日

在"民族文学"这个术语中，隐藏着一个矛盾：文学本应超越地理的框架与群体的狭隘性，而民族却指涉某一同源的人类集群，该群体拥有共同的语言、历史、宗教、文化，甚至一种区别于其他民族的族裔起源。当我们在社会学层面上扩展民族的概念时，埃内斯特·勒南（Ernest Renan）认为它与一种"共同生活"的愿望相关。这一说法曾让我们陷入有关"民族身份"或"民族语言"问题的争论。当然，这些问题早已过时，曼弗雷德·格施泰格（Manfred Gsteiger）以瑞士为分析对象时曾做出类似的论断，其说理思路也同样适用于非洲文学：

这一概念与"民族语言"相关，诞生于18世纪末，一般用于指称使用相同语言创作的文学作品，从而传达一种具有积极内涵的"民族身份"。约翰·戈特弗里德·赫尔德（Johann Gottfried Herder）及德国浪漫主义均对此概念做过详细阐释。单一"民族语言"的标准本身就存在问题，人们总是不同程度地将其与种族、心理，尤其是政治因素混合在一起。尽管文学与民族的关系问题在今天仍有意义，但"民族文学"这一术语在21世纪初似乎有些过时了。[1]

我们可以说，"民族文学"一词在本质上非常政治化，甚至具有煽动性，尤其是当它涉及撒哈拉以南非洲地区的作家时。事实上，谈论民族文学几乎等同于指责作者选择前殖民者的语言而放弃自己的语言。如此一来，刚果法语文学不可被视作一种"民族文学"，因为其写作语言为法语，而这门外语似乎也无法承载非洲的某些现实"代码"。"民族文学"的概念包含对过去时代的缅怀，也混杂着一种抱团的非洲主义，它使得作者无法听见来自外部世界的声音，也无法看见由突变引起的混乱，而这些变化正是诞生于刚果诗人契卡亚·乌·塔姆西笔下的"青铜"遗产：

我出生在离海边几公里远的地方，那里四通八达，不同的可能性向我敞开，殖民者与西方文明的相遇注定充满悲剧色彩，它来势汹汹，气势逼人。我可以不加分析地全盘否认，但仍有必要进一步区分。我缺乏环游世界或征服世界的"勇气"，那么，就让我把他者对我的征服转化为我的自我征服吧。历史也许对我的想法不予苟同，但事实上却存在诸多占有、转化及融合的现象，意即将我所承受的与我所承袭的两相结合。我是青铜，是合金，这当然意味着某种杂交。我们实在不必向世界展示一种自卑的面貌，那些搜刮掠夺他人资源的才应当感到羞愧。我们自己的社会和文化业已包含搭筑现代性的一切元素，它们构成了我们的在世存在。[2]

/ 非洲文学中的一个转折点 /

近年来，对民族文学的"渴求"于非洲作家而言意味着一种形势上的逆转，贝宁评论家盖伊·奥西托·米迪奥胡安（Guy Ossito Midiohouan）指出：

在很长的一段时间里，非洲黑人作家的文学作品都被不加区别地归入黑非洲文学（La littérature négro-africaine）。20世纪70年代以前，来自喀麦隆、刚果、塞内加尔或者科特迪瓦的作家都在黑非洲文学中认出了自己。[……] 批评家可以就森林、草原对风格、描写的影响，或"民族精神"对写作的影响展开议论。但不论一些批评家如何论辩，当下的重点绝不在蒙戈·贝蒂与乌斯曼·塞姆班之间的假设性差距。无论是来自塞内加尔，还是喀麦隆，他们都是黑非洲的作家。过去，他们曾一同抵抗殖民制度的不公正、谎言与异化；如今，他们将为新殖民秩序的反常、非理性和桎梏抗争。正是在此基础上，也只有在此基础上，他们的作品才有真正的意义。民族主义和文学民族化只是单纯的偏移，从本质上看，这一倾向已具有相当的危险性，若人们开始区分非洲文学的优劣民族，尝试将某一民族的天才人物等同于该国的文学事业，又或者将某地区文学发展的迟钝态势与某些民族特性牵连在一起，却无意寻找造成发展迟缓的真正原因，那么该倾向可能面临更大的危险。[3]

倡导民族文学的理念往往是为了禁锢并分隔思想，以达到煽动性的政治目的。而民族文学正意味着重新获得一种身份，即回归本源，拒绝西方的统治。一言以蔽之，它在呼唤一种真正的非洲意识，只有非洲各民族文学的总和才能汇聚成真正的"非洲文学"。为了加速获得身份，一些作家将法语视为敌人。他们对使用法语作为写作语言提出质疑，给爱上法语的作者贴上法国作家的标签，斥其为伪善者和"替白人写作"的卖国贼。

喀麦隆作家帕特里斯·恩加南（Patrice Ngagang）甚至在数年前提出一种"去法国式写作"。不遵守这一有益纪律的作家将面临指责，甚至可能被贴上殖民意识形态支持者的标签：

> 去法国式写作首先意味着一种超越法语国家与地区的写作，旨在重新发现先辈们的横向移动，从一个国家到另一个国家，从一片土地到另一片土地，尤其是从一门语言到另一门语言，没有任何预备的宗教信仰声明，按照对话者自身的意愿，顺着脚下大地的意愿，使用梅敦巴语、巴萨语或杜阿拉语灵活地表达：简言之，不要像加斯顿-保罗·埃法（Gaston-Paul Effa）所代表的纯粹的殖民主义论调，

把语言的多样性当作一种诅咒，而应该把它们视为一种事实。[4]

帕特里斯·恩加南在数行之后自忖道："我们是否很快就能见证那一天的到来？当非洲作家不再被看作法语作家的那一天。"

显然，他试图呼吁为非洲文学抹上某种色彩，使其朝复数的民族文学前进。而非洲民族文学的存在前提在于阻断通往西方文学的道路，因为西方文学不仅被视为黑人意识的坟墓，也是非洲身份被抹去的地方。

在上述要求的背后，隐藏着一种好战的事业，它对文学的自由与独立百害而无一利。使用法语写作是否会阻碍一个人成为真正的非洲、刚果、塞内加尔或喀麦隆作家？又是否会妨碍作家谈论世界？那些要求民族文学到来的倡导者主张用本地语言创作，因为法语有着一个难以避免，也不可克服的缺陷，它甚至是不可原谅的：法语是殖民者的语言，无法让我们真实地表达自我。然而，正是在真实性的名义下，某些黑非洲的国家见证着人民的命运走向衰败。在所谓的真实性文学的倡导者看来，法语传达的是征服的"代码"，以及不适合非洲节奏的表达方式，如果我们低估这一点，那就大错特错了！

在发表了数部法语作品后（多由斯托克出版社出版），塞内加尔作家布巴卡尔·鲍里斯·迪奥普宣布，为与自我保持协调一致，他从此将用沃洛夫语进行创作。他为此澄清道：

> 法语——或英语——是一种仪式语言，其语法及文化代码均让人望而生畏，这些都是导致非洲作家对文学实践的意义和目的产生怀疑的原因。[5]

2003年，迪奥普出版了沃洛夫语小说《猴儿子》（*Doomi Golo*），但两年后，他再次通过菲利普·雷伊出版社（Philippe Rey）发表了《不可能的纯真》（*L'Impossible Innocence*, 2005），这是一部用最经典、最精湛的法语写成的小说。

若法国出版社在非洲出资，重新出版非洲作家的作品，情况则会变得更加复杂。迪奥普的《骑士和他的影子》（*Le Cavalier et son ombre*，1997）正好属于这类情况，该部小说先由巴黎斯托克出版社出版，后在非洲以法语口袋本重新发行，这样一来，非洲大陆的读者便可以较为低廉的价格购得此书。

无独有偶，在另一种语言空间中，肯尼亚人恩古吉·瓦·提安哥（Ngũgĩ Wa Thiong'o）的英语出版商甚至在其故乡用作家的母语重新出版了他的部分作品！如此一来，殖民者的语言便拯救了被殖民者的语言！殖民者文学拯救了"民族文学"。英语作家奈保尔（Naipaul）、萨尔曼·鲁西迪（Salman Rushdie）、扎迪·史密斯（Zadie Smith）、沃尔科特（Walcott）、丹蒂卡（Danticat）均在创作领域展现出了出众的才能，他们难道是"殖民意识形态的支持者"吗？除非所谓的真实性文学的倡导者试图通过某种诡辩说明英语不是一门来自殖民帝国的语言！

/ "内部"作家与"外部"作家 /

事实上，民族文学的想法意味着将非洲作家一分为二，让"内部"作家与"外部"作家之间形成一种危险的对立。如此一来，鲁西迪、弗拉基米尔·纳博科夫（Vladimir Nabokov），还有出生在波尔多的诗人达维德·迪奥普——尽管他们生活在非洲大陆之外，却被认为为"黑人性"运动发出了强有力的声音——属于哪一个文学国度呢？

生活在欧洲的"外部"非洲作家通常被认为与现实脱节。人们认为他们切断了自己与非洲大陆的根源之间的联系，这会造成其世界观在某种程度上失真。作家们也早已被巴黎的出版体系收买，不再与"兄弟姐妹"对话，而是面向"理性听众"娓娓道来，而后者也将向作家发号施令，告诉他们要写些什么。按照塞内加尔记者纳博·塞内（Nabo Sene）的说法，"外部"作家在"为西方公众生产一套格式化的产品"[6]。

相比之下，"内部"作家，即生活在非洲的作家，则代表着真实性以及价值和传统的持久性。法语共同体被认为是万恶之源，是"内部"作家共同的斗争对象。他们必须审视自己的过去，珍视自己的语言，并着手一种"去法国式写作"，重现帕特里斯·恩加南所珍重的"先辈们的横向流动"，并将其置于更广泛的交流层面，与诗人契卡亚·乌·塔姆西的"青铜思想"一脉相承，每门语言总能从另一门语言中汲取营养。甚至在喀麦隆人加斯顿-保罗·埃法或乍得人尼姆罗德（两人都住在法国）那无可比拟的散文里，也颤动着不同语言的沙沙声，可能只有聋人（或者装聋作哑的人）才能充耳不闻……

/ 非洲语言写就的非洲文学？ /

是否需要一种"民族"文学，我指的是一种用非洲语言进行书面创作的文学？答案是肯定的，教授非洲语言的目的在于，使公众有机会接触另一种文学。而黑非洲大多数法语作家即便会说母语，也未必能将其运用于写作。多门非洲语言仍处于口述阶段。如此一来，国家政策应首先着力于促进对各种语言的思考。比如考察并调整语法，使其协调一致，建立学院，编纂字典，创办用当地语言撰写的报刊，简言之，让人们做好充分的思想准备，准备从口述阶段——非洲语言常常被认为处于该阶段——进入书写阶段，也不再以老人在文化传播中扮演的角色为荣。此外，非洲法语作家的作品并没有被禁止译为非洲语言！谢赫·阿米杜·卡纳的《寺庙的守护者》（*Les Gardiens du temple*）就是一本先用法语创作，后被译为沃洛夫语的小说！这不仅涉及用非洲语言创作的问题，也同样与非洲人是否做好准备阅读该类作品有关，就像法国人、中国人或俄罗斯人学习阅读用各自语言创作的作品一样。

归根结底，给文学贴上民族标签，反倒可能助长非洲作家理应就某些主题进行创作的偏见。在此类民族文学中，可能存在"不可避免的因素"。一个格式化的词汇，一种盼望已久的泼辣，以至于任何非洲人都应该表现出当地的色彩，换言之，起源地的色彩。实际上，类似的情况也影响着所有的文化领域：在电影中，可能存在一种特定的、民族的，甚至是非洲的色彩；绘画、雕塑等领域也不例外。民族作家既是民族的书记官，又是民俗惯习的守护者，他们间接地被赋予一种使命，即讲述他们的空间。他们一旦偏离这一使命，就可能被贴上"戴白面具的黑人"的标签。

我们把我们周围的事物及我们的所得奉献给世界。我们是我们交流和移动的产物。创造意味着对宇宙进行重新组合，赋予它（或重新赋予它）一种地理形貌、一段历史以及不同的语言。在一个艺术家与他所创作的作品一样具有流动性的时代，发现一点儿古巴的土壤与南非的或亚马逊的某个地区的土壤混合在一起，已经不再令人惊讶。一本书可以"使我们身处异乡"，艺术也同样具备一种永恒的魔力。一幅照片、一本书、一张画、一件雕塑反映着我们是谁，我们需要从他者身上了解什么。艺术抹去边界，观赏作品之人可以自由为其添加说明，而我们用于思考的语言则变成了一个次要问题。重要的是我们有能力进入一个宇宙，并使之成为我们的宇宙，在每个记号、每种颜色背后，我们都能触及创作者的灵魂，经历这种具有普遍意义的灵魂附体时刻……

第六课
非洲与"黑色法兰西":与历史面对面

2016年5月10日

今天是5月10日,是法国本土废除奴隶制的纪念日。借此机会,我想谈一谈我在四年前出版的一本书《黑人的眼泪》。自出版以来,这本书便一直受到某种不公正的待遇。

自其面世以来,人们对它的诠释远远超出我预先想表达的内容,可能是由于书名,它旋即陷入争议当中。我的话语常常遭到曲解,要么被断章取义,要么被无中生有,甚至被不同的利益相关方染上黑色或白色。

甚至有人认为我的文字佐证了对殖民地抱有怀旧情绪的白人爱国者的观点。他们叫嚷着:

你们看，连黑人都这么说！他还比我们说得好得多！

最令我错愕的是，《黑人的眼泪》中的若干段落被某些具有极右倾向的党派平台和网站摘录，如"土生土长的法国人"（Français de souche）网，而《非洲批评》（Slate Afrique）的一名撰稿人甚至发表了一篇题为《阿兰·马邦库是否为白人写作？》的文章，以下是这篇文章的开头：

"天才的问题在于他们有时会为所欲为。"这在2006年勒诺多文学奖得主阿兰·马邦库的身上得到了印证。这位刚果作家在《黑人的眼泪》（法亚尔出版社，2012）中阐述了他对非洲、非洲移民以及非洲文学的看法，尤其对他自以为所属的新法国公民身份做出了表态。他在有的地方说得很在理，却在其他点上犯了迷糊，比如他指出非洲的佼佼者往往容易受到捷径、逃避、自命不凡的诱惑……阿兰·马邦库在书中还就另外一件更为沉重，也更值得商榷的事情展开了讨论，它体现了作者的某种倒退。这与文学无关。这名法籍刚果裔作家——我们今后将这样称呼他——想强调他是法国人，因为在独立前的布拉柴维尔，他的父母和所有人一样，都曾经是法国人——尽管他们无意为之［……］谁能想象在"前宗主国"生活了几十年的蒙戈·贝蒂或者沃勒·索因卡会写一本180页的书来说服那些"土生土长的"法国人或英国人，自己和他们在严格意义上属于同一个祖国呢？[1]

大家会发现，我大概令这位社会学家陷入了一种难以抑制的失望情绪，请允许我把这堂课的内容献给他。

作为回应，我首先想说的是，《黑人的眼泪》必须结合个人背景加以理解，我是一个在黑非洲出生长大，并在法国生活17年有余的法籍刚果人，如今我在美国生活和工作。

《黑人的眼泪》是一本极具个人色彩的书，与我亲身的移民经历、经验、观察相关；它不旨在解决社群间的纠纷，或黑人遭遇的一切问题，更遑论黑人和白人的对立。可以说，这本随笔的写作对象是生活在黑色大陆的非洲黑人，或者和我一样，移民至大陆以外的非洲黑人。在此意义上，我将《黑人的眼泪》界定为一种倾向，它使一些非洲人把黑非洲的不幸全部怪罪于和欧洲的相遇，仿佛这样控诉般的复仇可以洗刷历史之耻，并修复被欧洲侵犯的自尊。

这绝不是撇清欧洲对非洲现状的责任，而是希望重申自我批评的重要性。作为非洲人的我们是否也在某种程度上导致了自身的衰落与腐朽，而不是把他者视作唯一的替罪羊？

《黑人的眼泪》本来是写给我的长子看的，他的母亲来自瓜德罗普岛，他还未曾踏足过非洲的土地。

第一章是一封信，我在信中对我的儿子鲍里斯·马邦库表达了期望，希望他能够形成自己对于非洲的看法，能够和既有的意识形态保持距离，不偏信所谓的黑人自古以来，或者自《圣经》里含的诅咒以来，一直受诅咒的说法。我也在信中提醒他反思过往，这没错，但还要反省那些他日常关心的问题，原因在于，黑人的救赎既不在乎同情，亦不关乎怜悯。

第二章名为"黑人在巴黎"，我谈起一名喀麦隆人，我们相识于巴黎的一家健身房，他从事着一份保安的工作，他顽固地认为黑人永远无法突破某些行业壁垒，即便我在美国成了大学教授，但这是因为美国人更开放，在法国却绝无可能。

/ 黑色法兰西 /

第三章"法律的精神"谈论的是"黑色法兰西"的问题，该现行术语易让人产生联想，即法国可能存在一个黑人社群，接下来，我将就这一主题展开本讲的内容。我曾在《黑色法兰西》（*La France noire*, 2010）这部合著的序言中写道，《法兰西共和国宪法》第一条就足以让我们对"黑色的法兰西"避而不谈："法国是一个不可分割的、世俗的、民主的、社会的共和国。"此外，她还"保障所有公民在法律面前人人平等，不论出身、种族或宗教"……[2]一方面是文本，而另一方面却是日益明显的现实。不论我们是否愿意，黑色法兰西的存在是一个既定的事实，它由"法国黑人"（Noir français，这一称呼的使用日渐频繁）组成，而国家也理应与他们达成和解，而不是任由一种基于种族统治的霸权意识蔓延滋长。历史上，一名非裔美国人——詹姆斯·鲍德温——就曾为此写下那部著名的随笔，书名带着启示录般的色彩：《下一次，是火》（*La prochaine fois, le feu*）……

我们拿着抽象的原则当作身前的挡箭牌，就可以对法国社会的变化漠不关心、视若无睹，那些虚有其表的原则宽慰着一部分人的良知，同时也成为煽动群众者手中挥舞的武器。然而，只需乘坐巴黎地铁在红堡和水堡站逗留片刻，或者前往法国大城市的郊区游历一番，便足以让我们产生将成堆的史书或文章束之高阁的想法，它们本应向我们这些来自其他地方，或者出生在这里，而父母来自外国的人介绍法国历史。这些"法国黑人"同样也是公民，从某种程度上来说，"普通法国人"（Français moyen）的表述才应该被重新界定，他们正在用彩色铅笔书写或者重写这个国家的历史。

事实上，是欧洲和非洲人，我们一起凭空创造了这个不一样的法国，在这场**相遇**所可能导致的结果面前，我们仍显得措手不及。此外，非洲人自己也经常把法国视作一个白人国家，同样，对于一些法国人而言，谈起法国也就意味着谈起一个白人国家。相比于美国而言，法国不是一块将区隔鲜明的"族裔"再进行重叠的领土。如果说黑人出现在美国的主因源自三角贸易的话，那么他们在法国本土的定居却并非如此。历史上，我们曾先后被当作"野蛮人""土著人"，以及欧洲战争中的"步兵"，直到后来，我们才明白白人口中的"黑人/黑佬"一词的潜在内涵。我们必须扭转这个词，要像非裔美国人一样为它自豪，于是我们征服了它，并借此发起了一场重要的黑人思想运动，史称**黑人性运动**。

"Noir"或者"nègre"哪里令人反感？以至于它们后来都被英语的"black"取代了。每个时代都有属于自己时代的词汇，以及淡化概念的方式。说英语的人也用"黑佬"（negro）一词，甚至还有更糟糕的"黑鬼"（nigger）一说！我们身上被不停地贴上各种指称，并最终被纳入一个更通用的术语，这下就连我们存在的合法性与正当性都受到了质疑：我们只不过是**移民**，即便我们熟悉的土地只有法国而已！

法国黑人经历了一段漫长而曲折的历史。他们的存在是多种因素合力的结果，诸如法国历史上最黑暗时期的东道国政治战略、非洲人对美好生活的追寻、一代不再与非洲存在任何关系的后裔的出现（这些在法国出生的黑人认为自己并没有被认可）等等。黑色法兰西的异质构成使我从来对法国"黑人社群"的存在持否定态度。社群本应指经历过共同历史，或至少拥有一种中心思想的集体，若该社群被共和国排挤，它将感受到一种被边缘化的感觉。然而，在一名获得合法身份并在巴黎政治学院学习的黑人、一名无证移民和一名来自法国海外省的有色安的列斯人之间，他们除肤色外还有什么共同点呢？他们没有任何共同点。一般来说，他们不认识对方，却把他们之间的关系完全建立在西方世界的偏见残余上，后者还曾为奴隶制和殖民活动提供辩护。在法国，塞内加尔人和刚果人彼此之间是陌生的，他们用于交流的语言是法语，而不是某门来自非洲的语言。大多数非洲人也是如此。为成为黑人兄弟姐妹，为来自"人类的摇篮"，或一个"饱经沧桑"的民族而自豪的想法可能会让人误以为他们在法国是一个团结的集体。真是大错特错。之所以不能把他们的联系建立在奴隶制的历史上，是因为大多数社会都经历过此类统治——难道还需要提醒大家黑人对黑人的奴役吗？黑人不可能永远声称自己是唯一的受害者。如果认为奴隶制是一个社群形成的驱动力的话，那么则必须证明大多数法国黑人都是因非法贩卖而被滞留在法国的。事实并非如此。法国黑人将奴隶制视为非裔美国人社群的黏合剂，几乎要向那些从黑色大陆被扯离的"兄弟姐妹"投去艳羡的目光了。和法国黑人不同，他们没有"可撤退的领土"，只能破釜沉舟。这意味着当一名非裔美国人遭受不公正待遇时，他没法安慰自己："算了，他们既然不让我待下去，就让我回我的原籍国好了！"而法国黑人可以这么说，甚至可以把父母的原籍国作为对其请求充耳不闻的法国的威胁。作为替代选项出现的原籍国是阻碍一个不一样的法国出现的原因之一。一言以蔽之，法国黑人在某种程度上是拥有替代方案的公民。如果这里不接受我，我还可以回到那里，即使后一种情况意味着在原籍地或父母的原籍地陷入更深的迷惘。我们希望自己在一片土地上被认可，而在我们的无意识中——甚至在我们的意识中——又保留着一片替代的土地，一片神话般的土地，尽管在现实中它既陌生，又将我们拒之门外。现在比以往任何时候都更重要的问题，是公民身份，准确地说，是我们在收养地的公民身份。

/ 奴隶制与奴隶贸易 /

《黑人的眼泪》之所以引起轩然大波，可能是因为其中一章——"暴力的责任"——涉及奴隶制问题。这在非洲人中间也是一个敏感话题。最好不要以任何方式，在任何时候，与任何人谈论它——除非，只要一谈论它，就必须朝着一个非常具体的方向展开，令一方重拾自尊，并予以另一方谴责。

我于文中回顾了在南特为期一年的生活经历，并指出，虽然在19世纪，这座城市的大多数市长都是奴隶贩子，但它不是唯一一座要为这段黑暗历史承担责任的法国城市。勒阿弗尔、波尔多、圣马洛和拉罗谢尔等其他城市同样也是大西洋奴隶贸易的据点，它们都积极参与了三角贸易。但这并没有让一些非洲读者感到恼火。真正激怒他们的，是我的一段提醒，提醒我们在这场悲剧中也应承担责任。当时的"黑人奴隶主"同样参与了三角贸易，这不是为了抚慰欧洲人或为了止住"白人的眼泪"而编造的历史。在那些非人的贩卖中，黑人奴隶被其他黑人或阿拉伯人围捕并带往海岸。如今，这一"含混性"解释了非洲人与安的列斯人及非裔美国人之间的潜在矛盾。简言之，"其他黑人兄弟"中的一些人指责我们与某些部落首领勾结，也参与了那些卑鄙的勾当。

　　然而，这并不意味着所有非洲人都是奴隶贩子！事实远非如此。但当我们回溯历史时，不同的侧面往往可以帮助我们窥得全貌，而不论是在悲剧、奴隶制、种族灭绝，抑或是统治体系中——如殖民统治——合谋者的存在都是显而易见的，譬如黑人奴隶主和"二战"时的法奸。

　　我之所以提到我们的责任，是因为我曾经历过一次冲突，它发生在我和一名美国黑人之间，那是我生命中最危险的一次对抗。也正是这名非裔美国人启发了我的思考。

让我们回到那次冲突中。

那段时间，我住在密歇根州的安阿伯市（Ann Arbor），并计划和两个朋友一起开车去华盛顿。皮埃尔是法裔美国人，他在撰写一篇关于海地作家达尼·拉弗里埃作品的文学论文。其父是非裔美国人，曾参加过诺曼底登陆；其母是法国人。皮埃尔先在法国生活了一段时间，之后前往美国与父亲团聚。他因自己受到双重文化熏陶而倍感骄傲，是一个安静且富有同情心的男孩，对"种族问题"的看法也是中规中矩的。黑人认为他是白人，而白人把他看作黑人。"这没什么可惊讶的，这就是混血的'地位'。"说完他便狡黠一笑。他把我介绍给提姆，一个在安阿伯市垃圾清理部门工作的非裔美国人。与皮埃尔不同的是，提姆非常关心美国黑人的生存状况，当有人触及他心目中的"至高原则"时，他会紧咬不放。而我则介于两种"典型"的非洲后裔之间，换言之，介于两类流散经历之间：一种是白人和非裔美国人的混血，另一种是因奴隶贸易而被强制留下的非洲奴隶的后裔。在某种程度上，可以说介于二者之间的我代表着他们的"根"——"深层"的非洲，没有经历过奴隶剥削的黑人。我们住在同一个社区，有时皮埃尔和我会去提姆家一起看电视上的橄榄球比赛。提姆很善良，会和我开些善意的玩笑，称我为"曼丁哥"。我把这个玩笑归结为他对非洲的神秘构想，因为他曾向我透露自己老想着曼丁哥人。他对当代非洲的印象却十分负面：野蛮、饥荒、内战与独裁。简言之，完全与媒体报道的内容一致。他从未踏足过非洲，在他的想象中，我们仍居住在泥屋里，靠打猎和采集为生。因此，他口中的"曼丁哥"实则具有双重内涵。"曼丁哥"始终在他脑海中萦绕不去的原因，可能主要在于亚历克斯·哈利（Alex Haley）的《根》（*Racines*）[3]以及那部全球闻名的同名电影，它唤醒了非洲人的自豪，尤其令数十年间从未停止要求西方世界对奴隶制负责的非洲人骄傲。

《根》的作者哈利是一名非裔美国人，他怀抱着寻根的想法抵达了冈比亚，"他祖先的国度"。在一座小村庄里，他结识了一名格里奥。通过他的讲述，哈利了解到自己的血统和家系可以追溯到一名叫昆塔·金特（Kunta Kinté）的老曼丁哥人。金特在收集制鼓木材的路上被白人抓获，后经历长途跋涉，终于随船在弗吉尼亚州靠岸，他的许多同伴已在公海丧生。昆塔·金特因此被视为一个起点，象征着经历悲惨命运的奴隶群体，他们决心在美国的土地上书写自己的故事。

对提姆而言，称呼我为"曼丁哥"意味着悄悄把我拉回到野蛮状态。换言之，我的一些先辈——缺乏昆塔·金特的勇气与尊严——在野蛮状态的统摄下犯下了难以挽回的错误：把自家的兄弟卖给白人。

为了参加皮埃尔哥哥的婚礼，我们下榻于华盛顿市中心的一家小旅馆。他的哥哥比他大一些，是他父亲与一名非裔美国人生的孩子。他们是同父异母的兄弟，但皮埃尔更愿意称呼他为"我的哥哥"。

他坚持认为："非洲就是这样。"

婚礼前夕，我们决定前往一家非洲酒吧庆祝。抵达桑给酒吧前，提姆已经在旅馆房间喝了好几杯威士忌。他希望能一边"跳非洲舞"，一边为自己寻根溯源。

"非洲音乐让我重返家园！今晚我要重返家园！"

皮埃尔负责驾驶，他旁边坐着的是提姆，而我坐在后排。行到中途，我以为提姆睡着了——他的下巴贴着胸口，但他突然挺直身体，开始胡言乱语。

"非洲就是狗屎！"

我大笑起来，但很快他的玩笑变成对我的攻击。

"曼丁哥，走出非洲灌木丛真不错，不是吗？像这样能坐在一辆美国车里，又在我国的大学里教书，你很高兴吧？"

我尚未答话，他更大声地说道：

"我跟你说话呢，曼丁哥！你至少可以回答一个奴隶的儿子吧，还是你作为非洲部落首领的地位不允许你做出回应呢？"

皮埃尔试图让他平静，但提姆突然失去了理智：

"不，这个曼丁哥，他必须回答我！他欠我一个解释，我不想继续保持沉默！"

"提姆，你不觉得自己过分了吗？"皮埃尔一边干预，一边减慢了车速。

"不，这个曼丁哥，他来到我的国家，他在一所好大学里有一份好工作，而我呢，干着一份垃圾工作，和奴隶时代没有两样！是他和他的祖先把我卖给了白人，就是因为他，让我在美国什么都不是！如果他没有把我卖掉，我还能留在非洲，即便很穷，但至少我有自由！我要杀了他！我发誓，皮埃尔，我一定要杀了他！"

皮埃尔和我都不知所措。提姆的眼睛被愤怒染得通红，他看向我的眼神里透出一种久远的恨意。

我请皮埃尔停车，我想下车，但这个提议无疑是火上浇油。

　　提姆叫嚷道：

　　"你不能下车，我要杀了你！"

　　他转向我，就在一瞬间，我看见他那对长臂伸向我的脖子。汽车顿时呈"之"字形行驶，我尽力向后靠去。

　　皮埃尔把车停在紧急停车带，我跳下了车。皮埃尔重新把车发动，提姆仍愤怒地叫嚷着：

　　"我要杀了你，你这个肮脏的非洲人！"

　　一辆出租车把我送回旅店。我收拾好房内的物品，准备另找一家旅馆过夜。凌晨，皮埃尔在电话里告诉我事情的后续。从桑给酒吧回去后，提姆去我的房间找过我好几次。皮埃尔请他去向我道歉。但此前，他曾说过要杀了我！

　　婚礼当天，我在人群中瞥见了提姆。他的眼神避开了我，显得手足无措，大概不知如何面对我吧。在皮埃尔的介入下，我们握手言和。

　　一回到安阿伯市，提姆就郑重地向我表达歉意。他称自己成了邪灵的猎物，不知道自己当晚被什么附身了。我接受了他的道歉，但也知道我们的关系再也不可能恢复如初。在他眼里，我始终是参与贩卖他祖先的人……

扬博·乌洛格 1968 年出版的《暴力的责任》[4]曾引发众怒。这部历史小说的作者借萨伊夫人（Saïfs）统治下的纳克姆帝国影射阿拉伯人对非洲的奴役及"非洲名流"的殖民主义，并指出殖民统治和奴隶制不是非洲以外的"发明"，早在"白脸"出现以前，非洲大陆便存有它们的踪迹。在小说序言中，乌洛格直言不讳地打破禁忌：

> 黑人的命运就是在煎熬中接受洗礼：先是非洲名流的殖民主义，后是阿拉伯人的征服。黑人从壁画里走出来，途经历史全貌（1202—1900），走向当代小说及戏剧，他常常被嘲讽为"黑夜的儿子"。白人又玩起了非洲名流的把戏……

最后，《黑人的眼泪》还谈论了诸如移民、身份、法语、排除异己等问题，而这些问题均被奴隶制与奴隶贸易引发的争议掩盖了。

贯穿这本书的写作策略，在于寻求一种能够重新定义我们的关系的事物，能让我们更紧密地联系在一起，并开创一种不分肤色的共同生活。接受我们的存在，与可能使我们分裂的谬误和落后的思想抗争。一如前文所述，明日的世界将为交流与礼遇所主导。本着同样的精神，我于5月2日主持了一场以"思考与写作：当下的黑非洲"（*Penser et écrire: l'Afrique noire aujourd'hui*）为题的研讨会[5]。会上，作家、历史学家、经济学家、社会学家、艺术家、剧作家齐聚一堂，为重拾人文精神而集思广益，为追求多边世界而奋斗不息。同时，也要向在座的诸位表示感谢，正是大家的热烈反响让研讨会的再度举办提上了议程。

/ 5月10日，一个纪念日 /

5月10日究竟是个什么日子？对于约翰·米歇尔（Johann Michel）笔下的"奴隶的后代"而言，这个日期有着参考价值。2005年，《成为奴隶的后代》（*Devenir descendant d'esclave*）由雷恩大学出版社出版，作者米歇尔表示，纪念奴隶制的废除，意味着近距离观察一双对立的记忆机制的共存，尤其是从1948年纪念二次废除奴隶制一百周年开始，解放旧奴隶的维克托·舍尔歇（Victor Schoelcher）从此成为法兰西共和国庆祝废除奴隶制的形象担当。人们一方面极力鼓吹宗主国的同化，另一方面却对奴隶制及其被废除的部分现实保持沉默。作者强调，上述态度体现着一种控制下的失忆。

作者认为，另一种"民族主义者"的记忆机制根植于20世纪50—60年代的去殖民化国际背景及海外民众普遍的失望情绪，他们原本寄希望于海外领地的本土化以减少社会的不平等现象。其后，海外领土纷纷出现自治主义或独立主义运动，与"记忆的民族化"过程相吻合。

1998年，时值废除奴隶制两百周年的庆祝活动，废奴主义机制重回大众视野，而民族主义机制尚未消失殆尽。实际上，后者已成为克里奥尔化的理论家主张的"重塑行动"的目标。法国废除奴隶制的纪念活动不应只是一个简单的庆祝活动——法兰西共和国的总统到场与几名非洲裔协会的负责人握手。纪念奴隶制的废除意味着承认危害人类罪，在揭开遗忘面纱的同时，向受害者致以敬意……

为此，我梦想着一个为自己的过去感到自豪的非洲，一个关注自己的当下、未来和前途的非洲，唯有如此，才可能为大家有目共睹，却尚未进入官方话语的黑色法兰西感到骄傲。

第七课
黑非洲的内战与儿童兵

2016年5月17日

从最简单的意思上讲，内战是指发生在一个国家内部的武装部队与可识别的武装团体之间，或不同武装团体之间的武装冲突。内战不等同于起义或简单的暴动；尽管战争法专家通常用"非国际性冲突"指涉内战，却将"战争"一词用于界定国际武装冲突，内战仍是真正的战争。

然而不论如何定义，差别与后果均很明显，一场"非国际冲突"的后果不一定轻于一场战争，尤其是在内战的形势下，冲突持续的时间和频率很可能使相关国家陷入一种灾难状态，其受灾程度与遭受国际冲突蹂躏的领土不相上下。

就其现代形式而言，内战可追溯至18世纪末和19世纪，它也并非某块大陆或某个民族的专属物。从本质上看，没有任何一个民族把内战的野蛮性当成某种祖辈的遗传。美国、墨西哥、希腊和古巴都曾沦为内战战场，纷纷以独立战争的形式反抗殖民统治或外部势力。在距离我们较近的20世纪，也发生了不少内战，比如印度尼西亚（1945—1949）或阿尔及利亚（1954—1962）爆发的独立或反殖民内战，美国或苏联煽动或策划的武装冲突，希腊（1946—1949）、印度支那（1946—1954）、安哥拉（1975—1992）、莫桑比克（1979—1992）、刚果共和国（20世纪90年代和21世纪初）均得到两个大国的直接或间接支持。其中一些冲突带有民族或宗教色彩，如发生在南斯拉夫与卢旺达的武装冲突及第一次和第二次车臣战争……

我们的时代特征是在上述冲突中使用儿童兵，无论从数量上——比以往任何时期都更多，占非洲或亚洲多地武装团体总兵力的30%—50%——还是从质量上看，儿童兵的战斗力不亚于正式战斗人员，他们令民众和所谓的正规部队胆战心惊。此外，女孩的参与度也越来越高，而她们在小说家的笔下仍扮演着"妻子"或"性奴"的角色。

/ 儿童兵的"诗学化" /

我所关注的若干小说片段分别来自科特迪瓦作家阿马杜·库鲁玛的《人间的事，安拉也会出错》、尼日利亚作家肯·萨罗－维瓦（Ken Saro-Wiwa）的《索扎男孩》（*Sozaboy*）及刚果作家东加拉（Dongala）的《强尼坏狗》（*Johnny Chien Méchant*）。

我的首个发现是，这些作品大多都互为镜像——可能会令读者产生似曾相识的感觉，甚至重复阅读的尴尬印象。换言之，这些小说在描述暴行时都遵循着一套固定模式，往往由一名年纪小却十分好战的儿童兵承担叙述者的角色。而这给我们留下的印象是，我们认识他，我们曾见过他，甚至见得太多了：出版商特意选择的封面要么是为了凸显极致的恐怖，要么是利用微笑对儿童兵进行美化。一名微笑男孩自豪地托举并展示一件武器，仿佛权力和统治的象征，从而陷入阿基尔·姆邦贝界定的"敌意政治"*

---

* 源自阿基尔·姆邦贝的同名专著《敌意政治》（2016），作者在书中试图借助法农的有关精神分析与政治的论述分析战争如何在20世纪的反殖民斗争中成为我们时代的圣物。姆邦贝进而在柏拉图的"药方"（pharmakon）概念与"战争"一词之间建立联系，以期阐明战争、征服、占领、暴力、恐怖等手段所内含的矛盾双重性——兼为（转下页）

（politique de l'inimitié）的眩晕状态。

我们认识这名儿童兵，他频频出现在报刊的头条，以及惨不忍睹的纪录片中，目的在于借由图像引发一种冲击感，而正是这种感受将文学变成一片善意的天地，只存有一种黑白分明的世界观。儿童兵是恶魔，但他难道不是成年人的野蛮行径的受害者吗？而成年人也只不过是现实形势勉强掩饰下的傀儡。

正如夏洛特·拉科斯特（Charlotte Lacoste）在《当代文化生产中的儿童兵：人类部落的图腾》(«L'enfant soldat dans la production culturelle contemporaine, figure totémique de l'humaine tribu») 中所指出的那样，小说与报刊对儿童兵的处理方式容易令人联想起异域文学，正是这一论断启发了本课的框架。拉科斯特在文章中写道：

> 非洲在人们的印象中一直是一片巨大无边的灌木丛，成群结队的野蛮人在那里无休止地打斗、嬉戏（这是柏林会议前人们对非洲的幻想，仿佛非洲仍处在史前时期），西方人乐于不解，不仅袖手旁观，还极力

（接上页）"药方"与"毒药"，"战争成为我们时代的药方，反过来又释放了邪恶的激情，这些激情正一点一点地把我们的社会从民主推向一个敌意的社会"。

撇清自己的影响。非洲内战出现了崭新的面貌，那是一张张孩子的脸庞，他们不再只是战争的受害者，而成了加害者。只见他们兴致勃勃地领导着一场场战争，揭示了一种人类的新面向：一种无端杀戮的倾向。暴力（好战或种族屠杀）不再源自人类群体的一致行动，而是非人性的天然产物，它拙劣地伪装在文化外衣下，无从抵御犯罪的召唤。[……]儿童兵以各种方式迎合着大众的"期待视野"，向后者提供他们所期待的一切——这同时也意味着读者能从中获知的有关儿童兵的情况很少——由此，公众的"期待视野"反而成为西方人包装儿童兵话语的支撑，并顺便避免了人们对儿童兵现象的客观原因进行审查。[1]

儿童兵还出现在电影《无国界野兽》（*Beasts of no nation*）中，它改编自乌佐丁马·伊维拉（Uzodinma Iweala）的一部小说，奥利维埃出版社拟定的法语译名为《无国界野兽》（*Bêtes sans patrie*, 2008）。同一形象也可见于《强尼疯狗》（*Johnny Mad Dog*），该电影改编自东加拉的同名小说《强尼疯狗》，夏洛特·拉科斯特曾对这部电影做过详尽剖析：

让-斯特凡·索维尔（Jean-Stéphane Sauvaire）执导的电影《强尼疯狗》也同样被置于人类行为的自然化这一标记之下，而历史界标也再次被抹去，这一选择无疑令人诧异。电影取材于伊曼纽尔·东加拉的小说《强尼疯狗》，背景设定在20世纪90年代末的刚果（布），其时的作者因战争而被迫离开祖国。在影片中，观众能隐约意识到故事背景在利比里亚，我们只需让自己单纯沉醉在这场由儿童制造的战争中即可，人物在其中进行着无谓的打斗。有关自然的野蛮性问题再次被提及——为表现真实性，索维尔聘请前儿童兵参与拍摄。这部去历史的战争片还相当具有可观赏性。除战斗中使用的慢动作及电影的模糊效果外，创作者还突出了战斗服装的美感：这些战争装束让半大的孩子看起来像说唱歌手一样时髦——起到一种巧妙反衬的效果。在卡拉什尼科夫冲锋枪划出的锐角后，紧跟着一名年龄最小的孩子，他的背上展开着一对蝴蝶翅膀——影片中儿童兵们列队行进的动作看起来像是一场时装表演；影片开头甚至出现了一名穿着婚纱、肌肉发达的少年，介于脆弱与强势之间的他正在与死亡联姻。在光鲜亮丽的画面里，掺杂着哀伤和极端的暴力，有时还带着些许的媚俗。[2]

人们不禁要问，有关的现实描述在经由创作的诗学化处理后是否会沦为某种对恐怖内战的轻描淡写？写作之功用是否还在于谴责、教导、告诫或敲响警钟呢？又或者，艺术理应顺其自然，无须对眼前之事负责？

夏洛特·拉科斯特提供了一个中肯的答案：

> 首先，存在一种偏见，即认为艺术不应过于拘泥于现实。它认为，文学在文学性中获得的是它在精确性中所失去的事物，而一件名副其实的艺术作品必须在某种抽象性中运动。创作富有教育意义的寓言故事的作者认为，取消对主题的硬性规定可以让作品获得普遍性，这意味着小说所描述的事情可能发生在任何时间和地点。而大量杰作却证明了艺术作品对现实的精妙再现。假设《老实人》的建构没有发生在某个特定的指称宇宙里，那么伏尔泰对任意性与暴力的批判效果将大大减弱。[3]

在这堂课的末尾，我们将回顾两部杰出的作品，一部是库鲁玛的小说，另一部则是加埃尔·法耶（Gaël Faye）的自传。

/《人间的事，安拉也会出错》/

在《人间的事，安拉也会出错》中，阿马杜·库鲁玛借小叙述者比拉希马之口讲述故事。作为故事的主人公，比拉希马的身份是一名儿童兵。他用天真而质朴的声音为我们讲述着内战故事。他的存在本身已足以令读者动容，以至于人们几乎要原谅他口中的暴行。十二岁左右的比拉希马流落在几内亚街头。母亲去世后，他不得不前往利比里亚寻找姨妈。亚库巴陪他踏上了这趟寻亲之旅，这是一个"跛脚的强盗、诈骗犯兼穆斯林狂热分子"。在寻亲途中，二人分别加入了不同的派系，小比拉希马成为一名儿童兵，从事抢劫、谋杀、贩毒、强奸等勾当。他的同伴亚库巴则变身为匪徒们的偶像，受到他们虔诚的崇拜。两人将穿越几内亚、塞拉利昂、利比里亚，并最终抵达科特迪瓦。孩子对所谓的"部落战争"也有自己的理解：

当人们说一个国家发生部落战争时，就意味着一些大强盗已经瓜分了这个国家。强盗们瓜分了财富，也瓜分了领土，还瓜分了人口。他们瓜分了一切，而全世界却听之任之。全世界听任他们无所忌惮地滥杀无辜的妇女和儿童。

库鲁玛的描写功力及他那富有创造力的迷人语言使《人间的事，安拉也会出错》成为这位科特迪瓦作家最伟大的作品之一。仍有一些评论家感到疑惑，还有什么可以证明这部小说的成功？的确，它曾摘得多项文学奖，其中包括2000年的勒诺多文学奖。对此，艾萨克·巴齐埃（Isaac Bazié）解释道：

> 《人间的事，安拉也会出错》之所以获得两项著名的文学奖，其中一个原因在于小说主题的现实和道德意义，从某种程度上看，这令读者很难无动于衷。不阅读这本小说似乎成了一种犯罪行为，即不向处在危险中的人伸出援助之手。[4]

克里斯蒂亚娜·恩迪亚耶（Christiane Ndiaye）则认为：

> 儿童兵经历的暴行本是一个严肃且让人不忍卒读

的话题，但它却在库鲁玛的笔下变得"可读"起来。作者将叙事交由一名儿童叙述者负责，在孩子气的天真目光里，掺入了一种滑稽的语言。之所以滑稽，是因为在叙事过程中，叙述者时不时得救助于他的四本词典，它们填补了过早中断的教育造成的盲区。若仔细观察这种语言技巧，就会发现这种相当随意的虚构写作（初印象）与揭露不堪忍受之事的感人记事之间的关系其实更为紧密且复杂。通过不断强调叙述者难以找到"合适"的词语来讲述故事，作者远不只是为了分散读者的注意力（把他们的视线从悲剧上移开，并放松片刻），而是为了说明当下记忆已沦为词语记忆的附庸：后者不仅指涉母语记忆，更是与社会话语的记忆相关，而这类记忆则掩盖了和事物、存在及事件有关的记忆。[5]

塞拉利昂与利比里亚的政治局势是库鲁玛小说的突出标记，这使文本具备了纪实小说的特点。这一特征在姊妹篇《当我们拒绝时，我们说不》中有更为清晰的呈现，这部遗作围绕着主人公比拉希马冒险故事的后续展开。

在第一人称叙事中，艺术和现实不易区分。假如一部作品中真实人物与想象人物共存，我们又如何分辨真实历史与虚构故事？那么，我们所面对的是这样一种文学：即使触及社会的悲惨与阴暗，还能散发真正的魅力。一些诋毁者直斥乔纳森·利特尔（Jonathan Littel）2006年获得龚古尔文学奖的作品《善心女神》（Les Bienveillantes）模糊了真实和虚构的界限，对小说人物马克西米利安·奥埃（Maximilien Aue）指指点点。在《善心女神》中，罗伯特·布拉西拉赫（Robert Brasillach）、吕西安·雷巴泰（Lucien Rebatet）、皮埃尔－安托万·库斯托（Pierre-Antoine Cousteau）等历史人物与虚构人物共生，他们一起经历了黑暗的东线战争、犹太人大清洗、斯大林格勒战役以及1945年柏林会战。实际上，儿童兵马克西米利安·奥埃也成了"一种结构，凝聚在它周围的，是若干强迫性的构想"。

此外，一些小说封面和电影海报上的图像也表明了（西方）话语尚未摆脱新闻传播的殖民刻板印象。人们将流行话语投射在非洲儿童兵的身上，把他们变成了一种符号，以反映我们自身的存在，或至少表明我们想成为（或不想成为）什么的意愿。孩子对暴行的言说引发了共鸣，以致描述其行为的语言暴力被稀释为某种诗意，人物由此变得楚楚可怜。而库鲁玛的小说从一开始就打上了功用的烙印，一如作者在题词中的说明："献给吉布提儿童：这本书应你们的要求而作。"

他以作家的姿态介入，并将全副身心投入吉布提的公共事务中。在接受记者凯瑟琳·阿冈（Catherine Argand）采访时，他解释道：

> 1994年，我应法国文化中心的邀请前往吉布提。在我前去参观的学校里，收留着许许多多因部落战争而被逐出索马里的儿童。我决定写下他们的故事，或者说，把他们的故事移植到科特迪瓦的两个邻国——利比里亚和塞拉利昂。[6]

在那一次采访中，作者坦言自己并未打算前往利比里亚和塞拉利昂，"那可能会妨碍，甚至中断小说的创作"。

/ "小小国"或战时童年 /

音乐人加埃尔·法耶凭借《黄油牛角面包上的辣椒》

（*Pili-Pili sur un croissant au beurre*）这张伟大的音乐专辑为大众所熟知，专辑中有一首歌，歌名是《小小国》（*Petit Pays*）。法耶在歌中高唱："小小国，你何时才能远离战火？"

《小小国》的同名小说（格拉塞出版社，2016）与歌曲一样极具个人色彩，它以大湖区最不稳定的地区之———布隆迪——为背景，讲述了一段为当地社会政治动荡形塑的非洲童年。19世纪初，布隆迪和卢旺达尚未分裂为两个国家，而是统称为"罗安达–乌鲁迪"（Ruanda-Urundi），是德国治下的一个殖民帝国。当德国在"一战"中战败后，罗安达–乌鲁迪被国际联盟交与比利时托管，并成为下属比属刚果的一个省份。

卢旺达和布隆迪保持着相互的往来，它们拥有相同的文化、传统以及人口构成（胡图族、图西族和特瓦族），造成其政治冲突的原因也相仿。

在《小小国》中，叙述者加布里耶决定返回布隆迪。序言记叙着父亲和他的一段谈话回忆，这段聊天内容的主题是如何分辨图西人和胡图人。序言过后，出现了一个成年人的声音，它属于33岁的加布里耶：生活在法国的"一个功能齐全的睡城里"，渴望回到"被诅咒的国家"，在妹妹安娜眼里，布隆迪的身体里只剩下"幽灵和成片的废墟"。父亲米歇尔是一个"来自汝拉山区的小个子法国人"，经营着一家棕榈油厂，母亲伊冯娜1963年因祖国卢旺达发生图西人大屠杀事件而成为滞留在布隆迪的难民。

　　加布里耶所讲述的故事前后形成了鲜明对比——分别以异国夫妻在分离前的无忧无虑的幸福时光及1993年以来布隆迪的政治混乱为界。当时，在国境线的另一边，蒙博托统治下的扎伊尔——现在的刚果民主共和国——呈现出一派繁华景象，到处是热闹的酒吧与多姿多彩的人物，比如父亲的比利时朋友雅克。加布里耶全家每个月都会找一天登门拜访雅克，他的所作所为像一个真正的热带殖民者，他憎恨自己的国家，甚至会猎杀鳄鱼。从他的露台可以俯瞰基伍湖，伊冯娜可以从那里凝望湖对面的国家——卢旺达，在其壮丽的山川和丘陵的背后，燃烧着仇恨和敌意，它们后来成为1994年图西族种族屠杀的导火索。在种族灭绝事件爆发以前，卢旺达爱国阵线（RPF）——一个由乌干达的图西族流亡者创建的政党——出其不意地攻击了胡图族政府的朱韦纳尔·哈比亚利马纳总统（Juvénal Habyarimana）。伊冯娜失去了上前线的兄弟阿尔封斯，而另一个"眼里只有漫画、吉他还有唱歌"的帕西菲克也决定参加战斗……

　　正是在拜访他们的比利时朋友时，这对夫妇终于在孩子们不了解真正原因的情况下分手了。伊冯娜自20世纪60年代以来第一次回到了童年的家。孩子则随父亲留在布琼布拉（Bujumbura）的法语学校上学。住在布琼布拉的外祖母希望通过故事、传说与神话将图西族的精神传递给子孙。但"加比"（加布里埃）一心想着当下的时局，他叹息道："生活在这样的环境里，我可以告诉你，我眼里根本没有卢旺达的位置。我压根就不在乎它的国王、牛群、词汇、月亮、牛奶、蜂蜜还有腐败的蜜酒。"

　　"加比"这个男孩还有另一个"家庭"可以依靠，那是他的一帮小伙伴，他们和他一样都是混血儿：勇敢者吉诺是他们当中年龄最大的孩子，还有"双胞胎"和阿尔芒——"我们这伙人里唯一的黑人小孩"。与布隆迪的其他孩子相比，加布里耶和安娜几乎是享有特权的。小"加比"可以和父亲一起参加航海俱乐部，可以去坦噶尼喀湖（Tanganyika）观赏河马，感受心灵的触动，还有父亲的手下——厨师普罗多、扎伊尔工头多纳蒂安和年轻司机伊诺桑——也对他和妹妹照顾有加。加埃尔·法耶的了不起之处就在于，他书写了一本有关非洲混血儿的童年的小说——这一主题在非洲文学中并不多见。

一夜之间，一切都变了样：布隆迪总统选举的时刻到了。图西族人皮埃尔·布约亚（Pierre Buyoya）是民族进步联盟（UPRONA）的成员，三十年前通过政变上台后和其族人建立了一种不与他人分享的统治制度。弗朗索瓦·密特朗（François Mitterrand）在拉波勒演讲中敦促非洲国家元首推进权力的民主化进程。演讲发表三年后，也即1993年，终于轮到布隆迪人选择他们自己的总统了。布隆迪民主阵线（FRODEBU）的胡图人梅尔基奥·恩达达耶（Melchior Ndadaye）当选。为营造民族和解的氛围，他任命图西人西尔维·基尼吉（Sylvie Kinigi）为总理。但在其就职百天后，恩达达耶被暗杀，国家陷入内战，30多万人死亡，其中大部分是图西人。卢旺达和扎伊尔出现了大批布隆迪难民。"日子一天天过去，战争在乡下继续肆虐。一些村庄被洗劫一空，在大火中化为焦土，有人向学校投掷手榴弹，学生们被活活烧死在校内。"然而，加布里耶似乎还感觉很安全："我们家还很安全，如果以它为中心向外看，世界显得很不真实［……］一切都没有变。我们继续嬉戏，继续探险。［……］植被重新披上鲜亮的外衣。成熟的果实将大树的枝丫压得低低的，河流的水量再次变得充沛。"

米歇尔极力向孩子们隐瞒国家的政治局势，但他还能坚持多久？孩子们可以读出父亲脸上的绝望。在大屠杀的影响下，父亲不得不解雇工人，并最终命令国内的建筑工地停工。

胡图族和图西族之间的民族分裂也感染了学校。加布里耶最后说道："我总是希望自己可以保持中立，可现在我做不到了。我伴随着这段历史出生。它正在我的身体上流淌而过。我是属于它的。"

布隆迪还将经历另外一场冲击。1994年，为平息矛盾而当选国家元首的西普里安·恩塔里亚米拉（Cyprien Ntaryamira）将面临一场悲惨遭遇：1994年4月6日，他与卢旺达总统朱维纳尔·哈比亚利马纳乘坐的飞机在空中被一枚导弹击落。次日，种族大屠杀在卢旺达爆发，据联合国估计，共有80多万图西人被屠杀……

在布隆迪的一架撤离法国侨民的巴黎包机上，加布里耶和妹妹将长久地记住留在布隆迪的父亲，以及他"在布琼布拉机场登机口的挥手"，父亲深信自己的两个孩子会被送往一个安全的地方，某个接待家庭，"就在法国的某个地方"，对此他深感满意。这是孩子们心目中保留的有关父亲的最后画面……

在作品中，成年叙述者重返了他童年时期的"小小国"。但许多事情早已物是人非。那里有空虚，还有影子，那些在他离开后去世的人的影子："我还是不知道自己这辈子要干什么。眼下我打算留在这里，照顾妈妈，等待她的情况好转。天亮了，我想把这一切写下来……"

加埃尔·法耶成功地揭开了当代非洲最黑暗的一页，他没有像一些涉及大湖区，尤其是卢旺达的作者那样沉溺在某种悲情中。他也没有把作品变成简单的"说唱"或"抨击"，取悦"热带"语言的爱好者并非其写作意图，他同样也无意顺道满足某些评论家在谈及以非洲大陆为背景的作品时对异国情调的渴求。

第八课
写在卢旺达大屠杀后

2016年5月24日

/ 背景：卢旺达的历史界标 /

卢旺达在14世纪经历了第一位图西族国王鲁甘祖·布温巴一世(Ruganzu Ier Bwimba)的统治，此后，由图西族人继任国王的传统一直延续至19世纪初。世称"姆瓦米"（Mwami）的图西族国王深得民心，其统治地位即使在德国占领卢旺达的初年——1894年——也没有受到质疑。

1900年至1918年间，最早的一批天主教传教团抵达此地，接踵而至的，是比利时人的统治，他们接管了在第一次世界大战中战败的德国人的殖民地。

1925年，"罗安达-乌鲁迪"被并入地域广大的比属刚果，受副总督管辖。

1943年，鲁达希格瓦国王——穆塔拉三世（roi Rudahigwa, Mutara Ⅲ）与下属的酋长和副酋长一同受洗。如此一来，图西族国王便得到了天主教会与比利时殖民政府的双双支持。在比利时人的庇护下，图西族国王罢免了所有胡图族的酋长，并改由图西族人继任。

比利时人采取的是一种分裂策略：在图西族和胡图族之间引起激烈对抗。1931年，比利时进一步推波助澜，要求在身份证上注明民族身份。第二次世界大战后，1946年，罗安达-乌鲁迪成为联合国托管领土，一年后，联合国正式将托管权交与比利时人。深感挫败的胡图族人发起了"农业社会革命"（Révolution sociale agricole），并成立胡图族人解放运动党——帕尔梅胡图（Parmehutu）。在《巴胡图宣言》（*Manifeste des Bahutu*, 1957）中，胡图族人质疑由图西人垄断的君主制度，抗议胡图族人在政治、经济、社会和教育领域几乎没有存在感。与此同时，图西族人于1959年创建卢旺达民族联盟（UNAR）以呼吁国家独立，这致使比利时人选择更换"合作伙伴"，转而支持他们认为更易驯服的胡图族人。

1961年，卢旺达在市镇选举结束后宣布独立——胡图族政党获得70%的选票，而图西族政党仅收获2%的选票。多米尼克·姆邦尤穆特瓦（Dominique Mbonyumutwa）成为卢旺达临时总统，国王基格利五世（Kigeri V）被迫流亡。随着国家在所谓的"民族"划分中逐渐陷入封闭状态，众多图西族人也被迫走上流亡之路。

1961年，格雷瓜尔·卡伊班达（Grégoire Kayibanda）当选共和国总统，针对图西族的屠杀与流放开始频繁上演。

1965年，格雷瓜尔·卡伊班达再次当选，帕尔梅胡图党成为国内的唯一政党，朱韦纳尔·哈比亚利马纳任国防和国民警卫队部长一职。哈比亚利马纳于1973年上演了一出典型的非洲独裁剧，他通过军事政变上台后创立了一个新的单一政党——全国发展革命运动（MRND）。

这位独裁者试图寻找盟友以巩固其权力并保证权力的持久化。本着这一精神，他与法国签署一项军事援助协议。这名新的政治强人是一位足智多谋的统治者，给20世纪80年代打下了自己名字的烙印。他与法国总统弗朗索瓦·密特朗的友谊也使其得到法国的全力支持。

20世纪90年代是图西族人保罗·卡加梅（Paul Kagamé）领导的卢旺达爱国阵线（FPR）发起反攻的年代。他们曾多次尝试与现行政权会谈，但均以失败告终。

1990年6月20日，弗朗索瓦·密特朗发表《拉波尔演讲》（*Discours de la Baule*），这篇由埃里克·奥森纳（Érik Orsenna）撰写的演讲稿向非洲呼吁一种真正的民主，一股多党制之风由此吹遍了整个大陆。此次在拉波尔举办的第16届法非首领大会汇聚了法国与37个非洲国家，以期解冻非洲大陆与昔日宗主国之间的关系。弗朗索瓦·密特朗的演说结尾似乎在朝着这个方向发展，其委婉提出的结束"法非特殊关系"（Françafrique）的主张让一些在位几十年的君主感到诧异，他们被隆重邀请参加此次活动：

> 我们的交谈是主权国家之间平等的交谈，我们在尊严上是平等的，即使我们没有同等的资源。我们之间存在各式约定及各类军事协议。我再次声明，法国政策依据的原则是，一旦贵国出现可能破坏独立的外部威胁，法国一定会站在你们一边。历史已多次，有时甚至在极为困难的形势下证实了这一原则。作为朋友，我们也仍是外人，我们不会插手干预内部冲突。法国希望与诸位达成共识，法国希望保护本国人民和本国侨民，但并不打算做冲突的仲裁官。这正是我九

年来在职责范围内所做的工作。我也将一如既往地反对过去偶尔发生的、造成国家政治变动的阴谋或密谋行动。诸位也十分清楚，过去九年来，类似的事件没有发生，今后也不会发生。[1]

这是否意味着法非特殊关系的终结？也并非全然如此，在拉波尔演讲后，保罗·卡加梅的卢旺达爱国阵线军队（主要由流亡的图西族人组成，在乌干达受过良好训练）在卢旺达北部发动进攻，正是在法国的干预下，哈比亚利马纳总统的政权才得以幸存。

卢旺达逐渐走向混乱，被当权政府一手创建的民兵组织（联攻派，Interahamwe）充斥，这些组织于1992年在哈比亚利马纳总统的家乡吉塞尼（Gisenyi）多次发动针对图西族人的大屠杀。

讨论是寻找出路的必要手段。1993年，在坦桑尼亚签署的《阿鲁沙协议》（Accords d'Arusha）规定胡图族和图西族之间公平对等地分享权力。他们还敦促流亡者回国，并承诺将卢旺达爱国阵线的图西族武装分子编入正规军。法国从此可以撤回为拯救垂死政权而派出的部队了。

法国的离开似乎"已成定数"，联合国通过联合国卢旺达援助团（UNAMIR）接管工作。人们以为麻烦将要远去，也不禁松了一口气，卢旺达甚至在1994年作为非常任理事国在安理会占据一席之地，这无疑是一次真正的进步。

但人们忘记了权力仍掌握在胡图族人手中，加入联合国安理会后，他们有机会接触到派往该国的援助团的敏感文件。与此同时，《阿鲁沙协议》各项决议的执行工作停滞不前。胡图族政府的强硬派发起了"胡图力量"（Hutu Power）运动，拒绝接受向图西族人敞开大门的过渡政府计划。

1994年4月6日，一架飞机在卢旺达首都基加利上空被击落。这架飞机上的乘客包括卢旺达和布隆迪两国的总统。次日，规模空前的大屠杀爆发了，全世界都在直观"小小国"（此语出自法籍卢旺达裔说唱歌手兼小说家加埃尔·法耶）的种族灭绝——20世纪最后几次种族灭绝事件之一。

/ 种族灭绝：某种殖民遗产的后果 /

卢旺达属于大湖区，这片地区的人口接近1.7亿，与非洲其他地区一样，地处东非的大湖区沿用的依旧是前殖民大国划定的边界。但"大湖区国家"（pays des Grands

Lacs）的表述并非新兴产物；它自19世纪末起就已在寻找尼罗河之源的欧洲探险家的口中出现，比如英国人亨利·莫顿·斯坦利与理查德·弗朗西斯·伯顿，我们在第一课曾经提及他们的名字。

让-皮埃尔·克雷蒂安（Jean-Pierre Chrétien）与马塞尔·卡班达（Marcel Kabanda）在《卢旺达，种族主义与种族灭绝，哈米特意识形态》（*Rwanda, Racisme et génocide, l'idéologie hamitique*, 2013）中指出，该表述于1979年在布琼布拉举办的有关大湖区民族古代文明的专题研讨会上被重新唤醒，用于指涉由坦桑尼亚、乌干达、刚果民主共和国、卢旺达和布隆迪等国家组成的群体。发生在该地区的无休止冲突频频登上新闻头条，以至于非洲给人留下一种致命或野蛮的本质印象。然而，这种混乱实则是殖民者散布的意识形态造成的长远后果，它们早已深入被殖民者的潜意识中。

我们理应记住的是，欧洲以发掘所谓的神话之地为目的在非洲进行的诸多探险，包括寻找尼罗河之源。但不只是欧洲抱有类似的幻想，阿拉伯世界也表现出同样的狂热，我们甚至可以在《一千零一夜》中读到"尼罗河源头附近存在一座发着红光的铜城"[2]的句子。

由此可见，在卢旺达种族大屠杀发生前，存在一类有害的"文学"。如前文所述，比利时殖民者会根据当权政府或相关集团的构成玩弄文字，借托民族（ethnie）概念以达到树立威望并保证权力持久性的目的。19世纪的某类西方文学已陷入殖民统治的眩晕状态，它以自己的方式证实东非大湖区人民的高尚、与众不同——那里的黑人不同于自"含的诅咒"以来被诅咒的黑人，他们摆脱了后者身上的种种缺陷，从而激起对伟大的无限"遐想"。更何况当时的科学与宗教文本也加剧了分裂的态势，而这种分裂的局面将构成我们理解与卢旺达人有关的论述的基础框架：

> 殖民政府将原本是社会性的类别种族化，用以区分尼罗-哈米特黑人和班图人。来自中东（埃塞俄比亚或尼罗河地区）的哈米特人被认为是高等人种，他们可以被福音教化。而"真正的黑人"却不愿意皈依基督教。东方领主与"巴娜尼亚黑人"间的对立是非洲主义意识形态发展出的最险恶的事例之一。[3]

问题不再仅仅是种族间的不平等，更是黑色人种内部的不平等，一个民族比另一个民族优越；一个民族天生是统治者，因为它在从北往南的迁徙中坚守着黑格尔所珍视的西方智慧的基础，另一个被诅咒的民族则被认为一直停留在野蛮阶段。这与西方宣扬的"崇高且充满人文精神的"使命相互印证：拯救野蛮的黑人，最好呢，能让高等黑人（哈米特人）远离"真正的黑人"的破坏性力量。在凯瑟琳·科基奥（Catherine Coquio）看来，这是"一种谵妄的输出"——梦想创造一个"非洲式的东方"，尼罗河于是成为"象征之地，种族异域情调在圣经-科学的启发下接替地理异域情调并与后者合二为一"[4]。

要确信这一点，只消读一读1925年卢旺达-乌鲁迪殖民当局在布鲁塞尔所做报告的相关结论，科基奥在《卢旺达，真实与叙事》（*Rwanda, le réel et les récits*, 2004）中也有所引用：

> 图西族是另一个民族。从身体上看，他们与胡图族没有任何相似之处，当然，一些血统不再纯正的混血除外。高等的图西族人，除肤色外，没有任何黑人的影子［……］图西族人天生是统治者……这些征服者来自哪里？显而易见的是，他们并非班图族人。但他们所操的语言正是当地的语言，也即班图语，与他

们的来源不同，图西族的语言没有渗入的痕迹。

在距离我们更近的20世纪70年代末，保罗·德尔·佩鲁贾（Paul del Perugia）写道：

哈米特人——手持牧杖的人——直到12世纪末才来到湖间地区。虽然他们人数不多，但随即便成为高原的统一者……［……］就像班图人瞧不起矮小的俾格米人一样，身材高大的哈米特人——他们还拥有贵族般的体态，想必在抵达湖间地区后便立马对当地人如法炮制。农民们被巨人族从头到脚地打量，他们向巨人们低头鞠躬。巨人们相貌端正，他们通常不动声色，自负高傲，他们富有表现力的眼睛、无可挑剔的举止、泛着红光的皮肤使这些外来移民成为班图人眼中的不可征服之人。哈米特人既不像黑人，也不像欧洲人。他们不凡种族的起源至今仍充满谜团。冯·戈尔岑（von Götzen）伯爵是第一个深入卢旺达的白人，1894年，当看见这些面无表情的雕塑时，他毫不掩饰自己感受到的贵族气质。哈米特人在班图人面前发散着更大的魅力。这少数人身上体现的威严在建立卢旺达的过程中起到了决定性作用。它激起乡民的自卑情结，令他们感到颓败，而这种自卑情结至今仍未消失。[5]

在殖民活动前，民族问题对卢旺达人而言还相当陌生，这种区分实际上是基于一种牧民（图西族）、农民（胡图族）和猎人（特瓦族）的社会划分。也不存在任何僵化的边界：一个人可以生来是图西族人或在以后成为图西族人，也可以生来是胡图族人或在以后成为胡图族人，个体从事的活动定义着个体本身，而卢旺达的语言统一性在非洲大陆十分罕见。

到了21世纪，一群名为"群星"（Groupov）的艺术家身肩重任，他们需要借助《卢旺达94》（*Rwanda 94*）将种族大屠杀"暴露"在公众面前。出演这出戏剧的多西·鲁甘巴（Dorcy Rugamba）思忖道：

> 这是一个众所周知的问题："胡图是什么，图西是什么？"当然不是民族。胡图族、图西族和特瓦族讲同一门语言（卢旺达语），共享相同的文化（卢旺达文化），拥有相同的信仰（伊马纳神）并且居住在同一片地区。因此，卢旺达只有一个民族：班亚旺达

（Banyarwanda）。胡图和图西也并非人种，因为人种不可能改变。一个黑人不会变成白人；但图西人可以变成胡图人，胡图人也可以变成图西人，这并非起源自殖民活动。[⋯⋯]古卢旺达有一个词可以描述从胡图转变为图西的事实：Kwituhura。我尝试将其译作去胡图化。[6]

/ 一架被击落的总统专机引爆了一切 /

1994年4月6日的飞机"事故"是种族大屠杀的导火索。从坦桑尼亚的达累斯萨拉姆（Dar es Salam）回国的卢旺达总统本着1992年至1993年间于阿鲁沙签署的协议精神，同意推行权力分立的相关举措，根据协议内容，图西族流亡者创立的卢旺达爱国阵线与支持朱韦纳尔·哈比亚里马纳政权的胡图族士兵组成的卢旺达武装部队也将停止内战。飞机在卢旺达首都基加利降落时被一枚导弹击落。机上乘客还包括布隆迪总统西普里安·恩塔亚米拉、几名法国人及数名卢旺达政要，机上人员全数罹难。

但这不是一场普通的事故——某种意义上，它是一件导致战争爆发的事由。人们当即将飞机遇袭与该地区深陷的困境联系在一起：占卢旺达人口多数的胡图族取得政权，而占人口少数的图西族——以保罗·卡加梅的卢旺达爱国阵线为代表——却基本被排除在权力之外，当时双方都正在尝试与对方和解。

谁是这次袭击的肇事者？是胡图族人，政府的强硬派，还是保罗·卡加梅的革命爱国阵线？这个问题至今也没有确切答案。专门负责打击恐怖主义并调查此案的法国法官让-路易·布鲁吉埃（Jean-Louis Bruguière）将悲剧归咎于卢旺达爱国阵线……

如前文所述，种族大屠杀始于飞机事故次日，持续时间长达三个月。屠杀事件造成了惨重伤亡：在一个将近900万人口的国家，受害者人数竟高达80万至100万。国际社会除表达震惊和诧异以外，还表现出一种令人费解的拖泥带水的态度，他们在界定事件性质上显得犹豫不决，迟迟不肯将其判定为种族灭绝，宁愿将其视作民族冲突或者非洲人特有的野蛮行为。

/ 面向卢旺达种族灭绝的非洲文学 /

更为古怪的，是非洲作家对非洲历史的黑暗一页的沉默态度。见证首先来自他者，即被科基奥归类为"第三方"的他者——一种介于文学和新闻之间的写作，一种以有计划的种族灭绝为题材的叙事。让·哈兹菲尔德（Jean Hatzfeld）作品的成功正是此类见证写作的典范。《屠刀一季》（2003）和《羚羊战术》（2007）分别收集了实施种族灭绝的胡图族人的言谈，而《赤裸裸的生活》（2000）则汇集了幸存者的感受。许多问题一一浮现，比如新闻在传播受害者或肇事者的言论方面产生的影响、相关主题转化为畅销文学的风险。同样，一些非洲作家也引发了相关讨论，尽管他们就有关主题展开了创作，却给人留下了不在场或姗姗来迟的印象。

这令我想起作家们的一次集体倡议：为响应里尔"非洲盛会"（Fest' Africa）以"记忆的责任"为名的行动邀请，作家们在种族灭绝发生六年后前往卢旺达，并开始"虚构"这场悲剧。其中最为精彩的作品当数蒂尔诺·莫内姆博（Tierno Monénembo）的《孤儿们的大哥》（2000）、阿卜杜拉曼·瓦贝里的《收集头骨》（2000）及布巴卡尔·鲍里斯·迪奥普的《穆拉比的骨骸遗书》（2000）。

布巴卡尔·鲍里斯·迪奥普在《穆拉比》中选择虚构以"做证"，通过同时收集幸存者与刽子手的证词，对虚构和证言之间的距离提出质疑。小说家允许自己自由发挥，甚至在叙事和小说的舞台上建立某种与刽子手的共鸣。但这种共鸣，除极少数例外，根本不存在于幸存者的想象中。在幸存者所述说的事实当中，其精华不同于作家展开的曲折想象。迪奥普可被视作联系早期非洲文本与介入文学的代表，他试图以解释、教学及批评的方式恢复早期非洲文学的风采……

在《孤儿们的大哥》中，蒂尔诺·莫内姆博既喜欢虚构的自由，也偏好事实的自在，而这些事实本身也可以来自作者的想象，且伴随着语言的重塑。这和让·哈兹菲尔德在作品中收集言说不同，《孤儿们的大哥》呈现的是作者的语言，却不一定是卢旺达人的街头语言。当文本取材于真实事件时——如尼亚马塔大屠杀——莫内姆博的意图不在于详述或阐释屠杀事件本身，而是为了构建一则为童年辩护的寓言，说明种族屠杀对纯真童年的极强破坏力。

阿卜杜拉曼·瓦贝里在《收集头骨》中有意识地设定了行文框架：

这本书几乎在为自己的存在道歉。不仅写作过程充满艰辛，出版日期也数周、数月地推迟。若不是肩负着对卢旺达和非洲朋友的道德责任，这本书绝对无法在我两次停留千山之国（卢旺达）后如此迅速地面世。

瓦贝里展示了书写种族灭绝的困难程度。非洲人，尤其是卢旺达人，肩负着道德责任，这间接凸显了非洲人直到现在还在等待非洲作家着手"处理"这场悲剧。瓦贝里颇为谦逊，他开门见山地提醒读者他是一名外部证人，以请求读者对叙事的变化无常和放荡不羁予以宽容。

通过以上三种声音，我们感受到让文学重新聚焦当下历史，即那一段冲击黑色大陆的心脏的历史的迫切需要。此外，我们这一时期的作家几乎都是种族灭绝后的书写者，我们的写作正在经历动荡，换言之，我们不得不重新思考写作的方法与主题。

/ 种族大屠杀后的写作只是徒劳？ /

如果说卢旺达种族大屠杀后的写作意味着以某种方式重新思考20世纪90年代末至今的非洲作家的地位，那么以一纸法令废除作家想象的自由，并将其圈于某种纸上谈兵式的角色是绝对行不通的。更重要的是要意识到当下亦是危机，而且也许是顷刻便至的危机，否则隐居小岛的作家形象将永远留在我们心中。

在卢旺达种族屠杀事件后写作，等同于产生一种意识，即意识到非洲法语文学从始至终都被一股抗议浪潮推动着，每个人都有自己的方式，每个人都用自己的声音，但所有人都看向同一个方向，即恢复黑非洲的尊严，避免陷入某种抱团的非洲主义。毕竟世界正在开敞，其中不乏多样的路口与万般的相遇。

对作家或艺术家而言，在卢旺达种族灭绝事件后创作意味着什么？这意味着面对当前动荡的非洲政治局势，重新考虑思想与想象的内在力量。与前殖民国家对民族分裂文化的重视一脉相承，当前的非洲政策亦偏重于对抗的文化。在此意义上，我认为，正是前殖民国家的乳汁养育了四处开花的独裁与专制。

在卢旺达种族屠杀事件后写作，在于亮明一种殊异于沉思的态度。非洲政治家意图使作家边缘化，在阻隔作家创作的同时，断言作家活动理应限于文学领域；至于公共事务，则应拱手相让给热衷于政治的人。相关后果已显现在我们眼前：内战频仍，政治黑暗。比如发生在刚果（金）

贝尼（Beni）的暴行及德尼·萨苏-恩格索（Denis Sassou-Nguesso）手下军队对刚果（布）南部普尔地区的屡次屠杀，这本质上就是种族灭绝，人们因为自己的身份、信仰与起源而遭受攻击……

在卢旺达种族灭绝事件后写作，是为了指明战争文化、敌意政治及非洲当权者的战略部署所产生的功能障碍。使人民低头屈服的统治者却没能意识到自己不过是野心勃勃的前殖民国家的傀儡。

若不对这一种殖民联系进行解构，那我们将永远无法剖析并理解发生在非洲的任何战争、冲突和悲剧。实际上，殖民联系所留下的印记越来越难以察觉，我们只能从当权者的态度中窥探一二。作为统治者，他们常常在法国的支持下通过单方面修改宪法及限制言论自由以紧握权力。但希望仍在，我们可以从一扇打开的窗户看见其他的路。这些路引导我们重新界定我们的态度，它们给出的终极建议是：不要再以"旁观者的无辜态度"静待事物的发展……

致法兰西共和国总统的公开信

总统先生：

您先后在11月28日瓦加杜古大学（université de Ouagadougou）的演讲及在12月13日发与我的正式信函中向我提议："为您所希望践行的，有关法语及法语世界的工作效力。"

19世纪，当地理学家奥内西姆·何可虑（Onésime Reclus）发明"法语世界"（francophonie）一词时，他意在超越一种真正的殖民扩张，创造一个范围更为广大的整体。而在《放弃亚洲，拿下非洲》（*Lâchons l'Asie, prendons l'Afrique*, 1904）中，为"永葆"法国的伟大，何可虑提出了两个基本问题："在何地重生？又如何持续？"

如今发生了什么变化？不幸的是，法语世界被认为是法国在其前殖民地的外交政策的延续。重新思考法语世界不仅仅是为了"保护"法语，毕竟，法语根本没有受到任何威胁，尽管法国在某种自我鞭笞的冲动下往往夸大法语所面临的险境。事实上，法国文化和法语依然在世界范围内保持着相当的威望。

最擅研究中世纪法国文学的专家都是美国人，北美学生比法国学生更了解法国文学。在没有法国资金援助的情况下，绝大多数的美国大学仍设立了法国文学系及法语国家与地区研究系。出生地不在法国，却用法语写作的作家大多也被译介为英语：阿马杜·库鲁玛、安娜·莫伊（Anna Moï）、布阿伦·桑萨尔（Boualem Sansal）、蒂埃诺·莫内姆博、阿卜杜拉曼·瓦贝里、肯·布古尔、维罗尼克·塔乔（Véronique Tadjo）、塔哈尔·本·杰隆（Tahar Ben Jelloun）、阿米纳塔·索·法尔、玛丽亚玛·芭等等。可见，法国文学不能再仅仅满足于一个狭隘的定义，从长远来看，定义的局限性终将导致法国文学的边缘化，而"法语想象世界"（imaginaire-monde en frangais）的出现也使法国文学的触角仍在不断延伸。

去年10月，我们曾在法兰克福书展上就这一问题进行交流，我也曾公开表示对您在开幕式上的发言不予苟同。您在演讲辞中没有提及任何一位来自其他地方的法语作家，您将所有的溢美之词献给了歌德和热拉尔·德·奈瓦尔（Gérard de Nerval），并断言"德国曾对法国和法语世界的到来表示欢迎"，难道法国人讲的不是法语？！

我是否应出言提醒："体制内"的法语世界所面临的主要批评在于，它从未在非洲对独裁政权、被操纵的选举，或者缺乏言论自由的现象予以指摘，难道这些不都是由说法语的君主精心策划的吗？独裁者们通过篡改**法语**写就的宪法，肆意奴役百姓，牢牢抓住权力，却没能引起法国历届政府的丝毫愤懑。

您在瓦加杜古向非洲青年发表演说的行为非常值得称赞。总统先生，若您能向这些年轻人证明您属于另一代人，证明您早已与过去告别，并告知他们，他们此时此刻有权利获得法语中最美丽、最崇高，亦即最不可剥夺的自由，这无疑对他们大有裨益。

鉴于法语世界的种种不尽如人意之处——尤其是它与"香蕉共和国"（républiques bananières）各领导人之间的联络往来，而这些领导人正斩断着非洲青年的梦想——我遗憾地告知您，总统先生，我将放弃有关的工作邀请。顺致最崇高的敬意。

阿兰·马邦库

2018 年 1 月 15 日

在黑人英雄纪念碑揭幕式上的致辞

法兰西共和国总统先生，

马里共和国总统先生，

各位大使，

女士们，先生们：

黑人性的倡导者利奥波德·塞达尔·桑戈尔所著《黑色的祭品》的出版已逾七十年，他在书中曾忆及为法牺牲的黑人战士们：

你们是塞内加尔的步兵，也是我的黑人兄弟，你们那温暖的手被冰雪与死亡覆盖

除了你们的战友，还有与你们血脉相连的兄弟，

谁还会为你们歌唱？［……］

你们不是身无长物、无所作为的可怜人

我要把法国所有墙上的"巴娜尼亚"的微笑都撕碎

女士们、先生们，今天，我比以往更能强烈地感受到自己是这首伟大诗篇的传承者。第一次世界大战结束百年后，这座黑人军队英雄纪念碑让数十万非洲战士的参战经历变得历历分明。

科摩罗人、塞内加尔人、刚果人、索马里人、几内亚人、贝宁人和马达加斯加人一同与法国并肩作战，逾3万人在战场上牺牲。通过镜像效应，这座纪念碑还颂扬了数以万计的为法国牺牲的非裔美国人、安的列斯人、留尼汪人、圭亚那人和卡纳克人。

早在1921年，树立纪念碑的想法便已形成。

1921年标志着所谓的"黑色耻辱"意识形态在德国诞生，被占领下的鲁尔出现有色人种士兵的身影。这场暴力运动受到报刊、电影院、海报、小册子和公众示威的推波助澜，"黑人"士兵被指责"使德国民族的未来陷入危险境地"……

然而，法国舆论却为"步兵团"辩解。1922年5月11

日，法国当局公布了一份反对种族主义攻击的报告，五个月后，也即1922年10月29日，法国政府在兰斯为纪念碑奠基。这座由雕塑家保罗·莫罗-沃蒂埃（Paul Moreau-Vauthier）及建筑师奥古斯特·布鲁森（Auguste Bluysen）设计的黑人英雄纪念碑直到1924年才正式落成。

这一切都无法阻止种族主义言论的发酵，也未能遏制德国国家社会主义者的种族主义话语。阿道夫·希特勒在《我的奋斗》中花费了整整一章的篇幅介绍黑人部队，并计划了一个世界末日般的报复行动。1940年5至6月间，德国军队在战斗后的俘虏中屠杀了2 000至2 500名黑人。

但这并非全部！事实上，第三帝国的最高领导人之一希姆莱在访问兰斯时参加了1940年7月的一次照会。在照会上，他发现了这座纪念碑的存在，并深感愤慨，要求立刻拆除这座纪念碑。于是，纪念碑的底座被毁，上面原本描绘了黑人部队在战事中的英勇表现。

但这并非全部！当纪念碑被拆除后，他们将其运送至德国，并打算在当地举办展览，以作为谴责他们所谓"堕落的法国"的力证……

1940年9月10日，这座纪念碑将遭受极端侮辱：它将离开兰斯，被运往纳粹德国。

但这并非全部！在运送前，德国人洗劫了它的底座，底座由非洲的花岗岩制成，呈苏丹式的塔塔形状，上面雕刻着非洲部队所参与的各大型战役的场面。

讽刺的是，它从未被运抵柏林，这也许可以归功于黑色大陆的曾祖父母辈的力量吧……它最后出现在一个铸造厂里，在那里，表现四名黑人士兵围着手持法国国旗的白人军官的纪念碑刻像最终消失不见。

时至今日，庞贝勒堡（Fort de la Pompelle）只留下少许碎片……

在我的大陆，这段历史也遗留了些许痕迹。在第一次世界大战以及第二次世界大战的记忆之间，我们还记得1944年12月从前线返回的塞内加尔步兵在蒂亚罗耶（Thiaroye）被屠杀的场景。我们什么都没有忘记。在非洲有一座兰斯纪念碑的复制品，1924年1月落成于马里的巴马科（Bamako），在这个高贵而富有尊严的国家，曾有大量的班巴拉人和摩西人被征入战壕。

由此，纪念碑代表着法非双方对战士的致敬。一些人可能会将其视为路易·阿奇纳（Louis Archinard）将军的个人广告，他曾征服马里（当时被称为苏丹的领土），也正是在他的主持下，纪念碑工程建设委员会才得以成立，而他的副手布莱斯·迪亚涅（Blaise Diagne）还曾为动员黑人军队出力……

但我们无意展开争论。

女士们、先生们，对我们而言，兰斯纪念碑不仅仅是一个象征，它还是一场斗争，用了整整一个世纪的时间才取胜。有人曾在1958年做出尝试。在殖民帝国结束之期，人们不想照原样重建中心的四名黑人士兵和他们的白人军官，并因此重建了一座花岗岩材质的石碑。当时，正值阿尔及利亚战争爆发，纪念碑的重建无疑具有过度的殖民色彩。1963年，他们又建造了一座7米高的新纪念碑。2013年，在马恩河总委员会、香槟-阿登大区委员会和法语国家的倡导下，一件复制品立在了香槟区的公园内。

从此，这个符号一直在那里，在我们面前，在我们的过去和未来之间，尤其在我们当下的中心。

我们将永远记住这件作品所表现的1918年参加兰斯保卫战的士兵们，他们在1918年5月27日抵挡住了德军在庞贝勒堡垒周围的进攻。

我们也将记得，1918年6月9日，正是这些黑人战士阻止了德军攻占兰斯山。

最后，我们会记得1918年7月15日参与第三轮冲击的战士，是他们击退了德军对兰斯的进攻。

是的，这些不屈不挠的战士战斗到最后一刻，德国人终于在1918年10月6日撤退。这一由殖民地军队第一军团巧妙完成的军事壮举成为2018年11月6日各类纪念活动的中心议题。

这支黑军象征着在西非的塞古地区、1915年的西沃尔特或在西印度群岛抵抗"血税"和强制征兵的历史。部队招募发生在1917年。乔治·克莱蒙梭（George Clemenceau）决定拜访塞内加尔裔法国议员布莱斯·迪亚涅，他于1918年1月作为共和国高级专员加入政府，负责在法属西非征召新的战斗人员。

矛盾的是，大战也将非洲带进一个崭新命运。正是在这场冲突的战壕里，一个具体的想法开始在来自不同领土的、第一次见面的黑人之间萌发，并激发了此后的另一场斗争，即非洲国家的独立斗争……

不，这些黑人部队不是炮灰，就像他们来自布列塔尼、奥弗涅或朗德的战友一样，他们也在前线受伤或死亡。正如殖民历史专家帕斯卡尔·布兰查德（Pascal Blanchard）在《黑色法兰西》一书中所指出的那样，这段历史在其复杂性上同时关涉法国与非洲，此外，它在当下所象征的事物也与法国和非洲有关。这些战士不仅是历史的受害者，也不只是殖民化的模范英雄，他们用鲜血书写法国历史，理应在集体记忆中占有一席之地，而集体记忆已经等待良久，它等待我们转身，以认清其真实面目。

从现在起，我们必须讲述这段历史，以导演和历史学家埃里克·德鲁（Éric Deroo）的方式讲述这段历史，他向我们展示了冲突中的多重关系，它们既含混又矛盾。然而，正是这种深度与多样性形成了集体记忆，这份集体记忆远非最离奇的政治煽动，也绝不是我们时代以通用货币建立的历史修正链……

是的，我们今日所纪念的，是为远方土地的自由而战的人，因为他们天然地相信自由无边界，也因为我们不能向溺水之人扔一本游泳指南。

我们必须永远铭记这些英雄。今日，我们通过这些象征来缅怀先烈，我们还须越过卢比肯河，让非洲大陆的民主更快到来。如今的非洲大陆仍是独裁统治和肆意监禁的最后堡垒之一，其行事作风与我们以身作则的先辈，即那些具备责任感，或某种博爱、互助思想的勇敢的人，形成鲜明对比。

不要再试图定义勇气和英雄主义。他们有自己的名字、自己的面孔。这些黑人军队的英雄将牺牲带在身边，直到最后一刻，以便自由的火焰永不熄灭，在面对极端主义、种族主义或其他种族至上主义意识形态时也坚定地永不妥协。他们是一起战斗过的兄弟。同盟让他们成为你们的父亲，团结让你们结为兄弟，洒下的热血让我们成为亲友——同样的血液在我的血管中流淌、再生。

今天，我们诚挚地向他们致敬，因为我们知道，与塞内加尔诗人比拉戈·迪奥普一样，那些死去的人，是的，那些已经死去的人，从未离开。所以，请不要在地底下寻找这些英雄，他们就在亮起的影子里，在厚重的影子里，在沉睡的水里，在呻吟的岩石中，女士们、先生们，他们是我们共同祖先的呼吸……

感谢大家。

阿兰·马邦库

于兰斯

2018年11月6日

注　释

/ 前　言 /

1　Patrick Boucheron, *Ce que peut l'histoire*, Fayard, Paris, 2016.

/ 第一课 /

1　Antoine Compagnon, *La Littérature, pour quoi faire ?*, Paris, Collège de France/Fayard, 2007, p.15. URL (texte intégral): https://books.openedition.org/cdf/524 (§5).

2　François de Negroni, *Afrique fantasmes*, Paris, Plon, 1992.

3　Jean de la Guérivière, «Bien sûr, tout commence par les explorations», *Les Cahiers du Sielec*, n° 1 (*Littérature et colonies*), Paris/Pondichéry, Kailash Éditions, 2003, p.50.

4 Olfert Dapper, *Description de l'Afrique*, traduction française de 1686, p.339.

5 Mungo Park, *Voyage dans l'intérieur de l'Afrique*, Paris, La Découverte, coll. «Poche/essais», 2009.

6 René Caillié, *Voyage à Tombouctou*, Paris, La Découverte, coll. «Poche/essais», 2007.

7 Jean-Marie Seillan, *Aux sources du roman colonial. L'Afrique à la fin du XIX* siècle*, Paris, Karthala, 2006, p.38.

8 Jean-François Staszak, «Qu'est-ce que l'exotisme?», *Le Globe*, 2008, p.24.

9 Jean-Marie Seillan, *Aux sources du roman colonial*, *op. cit.*, p.8.

10 Chinua Achebe, «An image of Africa: Racism in Conrad's *Heart of Darkness*», *Massachusetts Review*, vol. 18, n° 4, 1977.

11 Bernard Mouralis, *Littérature et développement*, Paris, Silex, 1981, p.309.

12 Roland Lebel, *L'Afrique occidentale dans la littérature française (depuis 1870)*, Paris, Larose, 1925, p.213.

13 Michel Leiris, *L'Afrique fantôme*, Paris, Gallimard, 1934 ; rééd. coll. «Tel Quel», 2008, pp.12–13.

14 Paul Morand, *Paris-Tombouctou*, Paris, Flammarion, coll. «La Rose des vents», 1928.

15 Nicolas Bancel, Pascal Blanchard et Sandrine Lemaire, «Ces zoos humains de la République coloniale», *Le Monde diplomatique*, août 2000, pp.16–17.

16 Albert Londres, *Terre d'ébène*, Paris, Arléa, 2008, p.11.

17 Jean Derive, Jean-Louis Joubert et Michel Laban, «Afrique noire (Culture et société)-Littératures», Encyclopædia Universalis〔en ligne〕, consulté le 30 janvier 2016. URL: http://www.universalis.fr/

encyclopedie/afrique-noire-culture-et-societe-litteratures.

18 Andrea Cali, «Le roman négro-africain avant l'indépendance: le roman colonisé», *Les Cahiers du Sielec*, n° 1 (*Littérature et colonies*), Paris/Pondichéry, Kailash Éditions, 2003, p.324.

19 Maran signe, par exemple, un article intitulé «Pourquoi ne vend-on pas d'automobiles dans nos colonies?», *Je suis partout*, 27 juin 1936.

20 Léopold Sédar Senghor, in *Hommage à René Maran*, Paris, Présence Africaine, 1965.

21 Mongo Beti, «L'Afrique noire, littérature rose», *Présence Africaine*, n° 1–2 (avril-juillet 1955), pp.133–145.

22 Alain Mabanckou, *Le Monde est mon langage*, Paris, Grasset, 2016.

23 Dominic Thomas, *Noirs d'encre. Colonialisme, immigration et identité au cœur de la littérature afro-française*, traduit de l'anglais par Dominique Haas et Karine Lolm, Paris, La Découverte, 2013.

24 Colloque paru sous le titre *Penser et écrire l'Afrique aujourd'hui*, Seuil, 2017.

/ 第二课 /

1 W. E. B. Du Bois, *Les Âmes du peuple noir*, Paris, Rue d'Ulm, 2004 ; et aussi en poche chez La Découverte, Paris, 2007, p.350

2 Léopold Sédar Senghor, *Trois poètes négro-américains*, in *Poésie 45*, Paris, Seghers, 1945.

3 Michel Fabre, *La Rive noire. Les écrivains noirs américains à Paris 1830–1995*, André Dimanche, 1999.

4 Dany Laferrière, *L'Écriture donne aux Haïtiens l'impression de* *n'avoir pas perdu la face*, Jeune Afrique, 17/03/2016.

5 Henock Trouillot, *Haïti ou la Négritude avant la lettre*, Éthiopiques, numéro spécial, novembre 1976.

6 Jean Price-Mars, *Ainsi parla l'Oncle*, nouvelle édition, Mémoire d'encrier, Montréal, 2009.

7 *Introduction aux littératures francophones*, Catherine Ndiaye (dir.), Les Presses de l'Université de Montréal, 2004, p.18.

8 Jacqueline Sorel, *Léopold Sédar Senghor. L'émotion et la raison*, Paris, Sépia, 1995, p.44.

9 Jacqueline Sorel, *op. cit.*, pp.43–44.

10 Thomas A. Hale, *Les Écrits d'Aimé Césaire, Études françaises* 14, 3–4, Les Presses de l'Université de Montréal, 10/1978.

11 http://www.assemblee-nationale.fr/histoire/aime-cesaire/tapuscrit.asp.

12 Kathleen Gyssels, «Sartre postcolonial? Relire *Orphée noir plus d'un demi-siècle après*», *Cahier d'Études africaines*, 2005/3 (n° 179–180), p.631.

13 France Culture, 1993, célébration du quatre-vingtième anniversaire de Césaire.

14 Philippe Decraene, *Le Panafricanisme*, Que sais-je ?, n° 874, PUF, 1959, pp.29–30.

15 Aimé Césaire, *Ma poésie est née de l'action*, interviewé par Francis Marmande, *Le Monde des livres*, 12 avril 2008.

16 Tanella Boni, «Femmes en Négritude: Paulette Nardal et Suzanne Césaire», *Descartes*, 2014/4 (n° 83), pp.62–76.

17 Aimé Césaire, *Discours sur le colonialisme* suivi de *Discours sur la Négritude*, Paris, Présence Africaine, 2004, p.80.

18 Aimé Césaire, *ibid.*

19 Suzanne Césaire, *Le Grand Camouflage, Écrits de dissidence*

(1941–1945), Seuil, 2009.

20 Philippe Tesseron, *Qui est Paulette Nardal ?*, Témoignages, 12 juillet 2006.

21 Michel Dacher, «La Civilisation de la femme dans la tradition africaine, Rencontre par la Société africaine de Culture», *Cahier d'Études africaines*, 1977, vol. 17, n° 65, p.97.

22 Jean Derive, Jean-Louis Joubert, Michel Laban, «Afrique noire (Culture et société) Littératures», Encyclopædia Universalis[en ligne] , consulté le 25 mars 2016. URL: http://www.universalis.fr/encyclopedie/afrique-noire-culture-et-societe-litteratures/.

23 James Campbell, *Talking at the Gates: A Life of James Baldwin*, University of California Press, 1991, p.109.

24 Kathleen Gyssels, *op. cit.*, pp.631–650.

25 Stanislas Spero Adotevi, *Négritude et Négrologues*, Le Castor Astral, 1998, p.17.

26 *Négritude et Négrologues, op. cit.*, p.12.

27 Célestin Monga, *Nihilisme et Négritude*, PUF, coll. «Perspectives critiques», 2009, p.29.

/ 第三课 /

1 Deborah Lifchitz, «Compte rendu de Doguicimi», *Journal de la Société des africanistes*, année 1938, vol. 8, n° 2, pp.212–213.

2 Ada Ozoamaka Azodo, *Entretien avec Aminata Sow Fall*, Indiana University Northwest, 14 mars 2005.

3 Nathalie Philippe, *Écrivains migrants, littératures d'immigration, écritures diasporiques: Le cas de l'Afrique subsaharienne et ses enfants*

de la "postcolonie", Hommes et Migration, 2012, pp.30–43.

4 Odile Cazenave, *Afrique sur Seine, une nouvelle génération de romanciers africains à Paris*, L'Harmattan, 2003.

5 Bernard Dadié, *Un nègre à Paris*, Présence Africaine, 1959.

6 Dominic Thomas, *Noirs d'encre, op. cit.*, p.14.

7 Abdourahman Waberi, «Les Enfants de la postcolonie. Esquisse d'une nouvelle génération d'écrivains francophones d'Afrique noire», *Notre Librairie*, n° 135, Paris, 1998.

8 Jacques Chevrier, *Anthologie africaine 1*, le roman et la nouvelle, Éd. Hatier, coll. Monde noir, Paris, 2002, pp.324–326.

/ 第四课 /

1 Jean-François Staszac, *op. cit.*

2 Binyavanga Wainaina, *Comment écrire sur l'Afrique*, in *L'Afrique qui vient*, Michel Le Bris et Alain Mabanckou, Hoebeke, 2013.

3 Max Roy, *Le Titre des œuvres: accessoire, complément ou supplément*, in *Le Titre des œuvres: accessoire, complément ou supplément*, sous la direction de Nycole Paquin, Protée, vol. 36, n° 3, hiver 2008, pp.47–56.

4 Édouard Launet, «Rentrer dans la Blanche», *Libération*, 9 mars 2006.

/ 第五课 /

1 Manfred Gsteiger, «Dictionnaire historique de la Suisse» *DHS*, 24/09/2009. Article consultable sur le lien suivant: https://hls-dss-dss.ch/

fr/articles/011214/2009–09–24/.

2 Propos recueillis par David Gakunzi, Paris Global Forum, www.
parisglobalforum.org/2017/01/07/interview-tchicaya-u-tam-si-poete-
africain/.

3 Guy Ossito Midiohouan, «Le phénomène des "littératures
nationales" en Afrique», Peuples Noirs Peuples Africains n° 27, 1982,
pp.57–70.

4 Patrice Nganang, «Écrire sans la France», *Africultures* n° 60.

5 Entretien de Boubacar Boris Diop avec Jean-Marie Volet in *Mots
Pluriels* n° 9, 1999.

6 Nabo Sene, «Des sociétés africaines morcelées», *Le Monde
Diplomatique*, n° 586, janvier 2003.

/ 第六课 /

1 Slate Afrique, 4/04/2012.

2 *La France noire*, ouvrage collectif sous la direction de Sylvie
Chalaye, Éric Deroo, Dominic Thomas, Mahamet Timera et Pascal
Blanchard, préface d'Alain Mabanckou, La Découverte, Paris, 2012.

3 Alex Haley, *Racines*, JC Lattès, 1993. Le film *Roots: The Saga of
an American family*, est sorti en 1976 et a été diffusé en France sous le
titre *Racines*.

4 Yambo Ouologuem, *Le Devoir de violence*, Seuil, 1968 ; Serpent
à plumes, 2003.

5 *Penser et écrire l'Afrique aujourd'hui*, sous la dir. d'Alain
Mabanckou, Paris, Seuil, 2017.

/ 第七课 /

1 Charlotte Lacoste, *L'Enfant soldat dans la production culturelle contemporaine, figure totémique de l'humaine tribu*. L'enfant-combattant, Hal-Shs, Nov. 2010, France.

2 Charlotte Lacoste, *ibid*.

3 Charlotte Lacoste, *ibid*.

4 Isaac Bazié, «Écritures de violence et contraintes de la réception: Allah n'est pas obligé dans les critiques journalistiques française et québécoise», *Présence francophone*, n° 61, 2003, p.90.

5 Christiane Ndiaye, «*La mémoire discursive dans Allah n'est pas obligée ou la poétique de l'explication du "blablabla" de Birahima*», *Études africaines*, vol. 42, n° 3, 2006, pp.77–96.

6 Interview d'Ahmadou Kourouma réalisée par Catherine Argand, *L'Express*, 1/09/2000.

/ 第八课 /

1 L'intégralité du discours de François Mitterrand est disponible sur le site de Radio France Internationale http://www1.rfi.fr/actufr/articles/037/article_20103.asp.

2 Jean-Pierre Chrétien, Marcel Kabanda, *Rwanda, Racisme et génocide. L'idéologie hamitique*, Paris, Belin, 2013, p.15.

3 Jean-Pierre Chrétien, Marcel Kabanda, *ibid*.

4 Catherine Coquio, *Rwanda: le réel et les récits*, Belin, Paris,

2004.

5 Paul de Perugia, *Les Derniers Rois mages: Chez les Tutsi du Rwanda, chronique d'un royaume oublié,* Paris, Phébus, réed. 1991.

6 Groupov, *Rwanda 94*, éditions Théâtrales, Montreuil, 2002.

译后记

　　呈现在读者面前的这部《关于非洲的八堂课》，是刚果裔著名作家阿兰·马邦库2016年在法兰西公学院主持艺术创作教席时的演讲合辑。马邦库出生于独立后的刚果共和国，在经济首都黑角度过了童年时光，之后前往法国完成法律方向的学业，1998年出版第一部小说《蓝-白-红》，这本聚焦非洲在法移民现状的讽刺作品一举夺得当年的黑非洲文学大奖。后受美国密歇根大学邀请，他成为驻地作家，并教授法语文学，目前在加州大学洛杉矶分校（UCLA）法国和法语研究系教授文学与创意写作。

　　马邦库属于新一代非洲法语作家，是吉布提作家瓦贝里口中的"后殖民时期的孩子"*，跨越三大洲的移民与流动经历形塑着作家关注文化多重性的文学诉求及其内含的世界主义的精神实质。作为签署《走向法语世界文学》（*Pour une Littérature-Monde en français*）宣言的44位法语作家之一的马邦库曾在《候鸟之歌》（*Le chant de l'oiseau migrateur*）中明确表示："我们的使命在于沿着法语世界文学的路径，扼要地勾勒它的轮廓，但应将其置于一个更广阔、更分散、更喧哗的空间中予以审视，那就是世界。"**不难看出，马邦库尝试开掘的是全球化浪潮下跨国界、跨民族、跨文化的世界文学视野，表达了一种重构法国文学与法语世界文学关系的未来愿景。

马邦库的越界思维浸润着《关于非洲的八堂课》的始终，在文学、电影、绘画等多个艺术领域自由穿梭，以综合性的立场引导读者审视"法语世界"这一带有殖民色彩的模糊概念，试图将法语从文学国家主义的疆域禁锢中解放出来，力求展现法语世界文学的诞生。全书包含八篇演讲，外加一篇前言、一封致法兰西共和国总统的公开信及

---

* Abdourahman Waberi, "Les enfants de la postcolonie: Esquisse d'une nouvelle génération d'écrivains francophones d'Afrique noire". *Notre librairie*, 1998 (no. 135), p.8.

** Alain Mabanckou, "Le Chant de l'oiseau migrateur". Le Bris. Jean Round Michel dir. *Pour une Littérature-Monde*. Paris: Gallimard, 2007, p.65.

一封为纪念非洲步兵团所作的演讲辞。在前言中，马邦库从身份问题出发，在冲破人种、肤色和国籍的界限后，着意强调其自身的作家身份，并试图从作家的角度与视野出发，对未来的课程规划与目标做出明确说明，"旨在揭示法语作品不止法国一个中心"，在广阔的地理空间中，重塑百年来非洲和非洲裔的文学史。作为推选马邦库主持艺术创作讲席的法兰西公学院教授代表，安托万·孔帕尼翁的评价颇为中肯："一位具有开放精神的作家，他身上体现着世界主义与兼收并蓄的特质，对世界文学的趋势也保持着相当程度的敏感。"

从"巴娜尼亚"到"黑人性"运动的先驱，从殖民者笔下的异域文学到20世纪70年代兴起的女性见证文学，马邦库在第一堂课中提纲挈领地勾画出20世纪黑人文学"从至暗到光明"的时空轮廓，讲述着诞生自白人笔下的探险叙事、殖民者回忆录及异域小说的非洲现代文学所面临的机遇与挑战。第二堂课聚焦"黑人性"思想与运动，在遵循历史脉络的前提下，马邦库以地理的横向联系为基础，仔细回溯了黑人性运动的两大源起，并对"黑人性"概念引发的争议做出了辩证的阐释，在质疑非洲中心主义对"黑人性"概念的歪曲后，主张将其视为"一种重新思考人文精神的方式"。此外，马邦库还关注女性对"黑人性"运动所做的贡献，通过追溯纳尔达尔姐妹、苏珊娜·鲁西·塞泽尔等人的职业道路及所创刊物，展现了长久以来被遮蔽的女性力量。而第三堂课则回顾了一个世纪以来非洲文学的发展趋势，或借反映前殖民时期非洲帝国的史诗和历史小说凸显历史叙事的重要性与价值所在，或谈论后殖民时期的现实主义小说，以揭露非洲社会的不稳定性与混杂性，又或介绍全球化视野下的移民文学与返乡文学，聚焦民族叙事和身份危机，简要描绘了非洲法语文学的谱系与生态。第四堂课的显在主线是介绍非洲文学作品在法国的出版情况，实际上，作家借由讨论作品封面、出版丛书等问题，意图揭露非洲文学所遭遇的刻板印象与不公正待遇。在指出非洲法语文学相较于法国文学的边缘地位后，马邦库结合个人经历，在"他从此只看非洲小说的老翁寓言"中，呈现了作家自由运用写作语言的创造力与艺术价值所在。在第五堂课中，马邦库辩证地看待"民族文学"概念背后的隐藏逻辑，反对以地理、民族、语言等因素制约文学的自由创作，并从中延伸出以艺术再造世界的世界主义指向。尽管围绕语言问题的争论伴随着非洲文学创作的始终，但马邦库仍坚定表明着开放立场，反对善恶二元论式的对立划分，强调创作者本身的流动性与包容性。第六堂课"黑色法兰西"以法国废奴纪念日为起因，开门见山地谈论法国社会的移民问题，从历史的角度阐明了法国社会的构成变化，呼吁直面法国黑人的公民权问题。此外，马邦库坚持一种非谴责的立场，主张辩证地看待非洲与欧洲的"相遇"。为愈合奴隶制的历史创伤，作家认为启动相关的记忆机制且承认其反人类罪的定性是有必要的。第七堂课通过援引夏洛特·拉科斯特对儿童兵的研究，对《人间的事，安拉也会出错》《小小国》中的小说叙事及《无国界野兽》《强尼疯狗》中的儿童兵形象进行了讨论与解构，公众期待视野下的儿童兵形象不仅有助于淡化现实事件的严肃性，也有利于避免"人们对儿童兵现象的客观原因进行审查"。第八堂课翔实地回顾了卢旺达种族大屠杀的历史事件，强调殖民主义的遗留问题，并将矛头对准比利时与法国政府，还对在种族灭绝期间保持沉默的国际社会与作家表示遗憾与谴责。从文学生成的角度看，马邦库对大屠杀事件后的文学创作进行了反思，他认为卢旺达种族灭绝事件构成了一次转折，它迫使作家"意识到当下亦是危机"，并迫使文学聚焦当下发生的历史。在2018年1月15日一封致法兰西共和国总统的公开信中，马邦库站在非洲年轻人的身边，谴责非洲大陆的独裁政府及法语国家国际组织与非洲领导人之间的共谋关系。在2018年11月6日的一封为纪念非洲步兵团所作的演讲辞中，马邦库重申黑人步兵为法国做出的巨大牺牲，强调铭记历史以促进对话交流的重要性。

作为一名以文字介入世界的作家，马邦库在《关于非洲的八堂课》中把自己关于非洲文学、殖民史、"黑人性"思想、卢旺达种族大屠杀等方面的专业知识大众化，主张一种勾连个人记忆与集体历史的后殖民主体的"真诚史"，以反映非洲大陆百年来独立精神的丧失与重塑。非洲，曾经是欧洲殖民者的发明，"一个和文明社会相互龃龉的世界"，身为作家的马邦库则极力避免陷入悲观主义或以偏概全的片面性，提醒我们要"平和有礼地重读我们共同的过去"，因为"没有哪个种族能将美貌、智慧和力量全部垄断"[*]。马邦库始终秉持"世界是加法与乘法，而不是减法或除法"的原则，为读者展现了一个多面的非洲形象，尤其突出其文学性的一面，旨在推动非洲文化与不同文化之间的平等对话。

---

[*] Aimé Césaire, *Cahier d'un retour au pays natal*, Paris: Présence africaine, 1983, p.57.

最后我将简单交代一下译事的过程。接下这本书的翻译任务时，我还是一个初涉非洲文学的"菜鸟"，在此我想要感谢黄荭老师的提携与鼓励，让我有勇气推开非洲文学研究与翻译的大门，走向一个五彩斑斓的世界。与这本书的磨合前后持续了近两年的时间，从南京的深秋到利摩日的热夏，关于非洲的点滴与自我的生命经验逐渐产生联结，令从事非洲文学研究的我受益匪浅。本书呈现了非洲文学史的精粹与非洲文化的丰饶广博，但由于译者学识上的局限，译文总有青涩与缺憾之处，恳请读者朋友批评指正！

邬亚男

2023 年 8 月